그는 거짓말을 하고 있다

**Die Körpersprache der Lügner by Monika Matschnig**

© GRÄFE UND UNZER VERLAG GMBH, 2021

Korean Translation © 2022 by FEELMBOOK

All rights reserved.

The Korean language edition is published by arrangement with
GRÄFE UND UNZER VERLAG GMBH through MOMO Agency, Seoul.

모니카 마트쉬니히 지음
이승희 옮김

# 그는 거짓말을 하고 있다

이제 당신은 그 누구에게도 속지 않을 것이다!

Die Körpersprache
der Lügner

"누가 거짓말을 하고,
누가 진실을
말하고 있을까?"

필름

# 우리가 알아야 할
# 거짓말의 모든 것

악마가 거짓말의 아버지로 여겨지고 있다는 것을 아는 가? 이 말은 당연해 보이기도 한다. 결국 악마가 에덴동산에서 이브에게 인류 최초의 거짓말을 했고, 그 결과 그 유명한 원죄 사건이 시작되었으니 말이다. 또한 우리는 모두 "거짓말을 하지 말라"라는 십계명의 내용을 알고 있다. 그런데 정말로 모든 거짓말이 악마의 작품일까? 우리는 거짓말을 할 때마다 죄를 저지르는 것일까?

물론 거짓말이 자랑스러워할 만한 행동은 아니다. 모든 부모는 아이들에게 거짓말은 좋지 않은 행동이고 가능하면 하지 말라고 가르칠 것이다. 그런데 한번 생각해보자. 거짓말이 없는 세상은 어떤 세상일까? 많은 경우 더 나은 세상일 것이다. 그럼 우리의 일상도 그럴까? 거짓말이 없으면 우리는 가끔 대단히 불편해질 것이다. 말하자면 거짓말은 사회적 관계에서 우리를 묶어주는 단순하면서도 효과적인 접착제다. 우리는 긍정적이고 편안한 대화 자리를 만들기 위해 친절한 태도를 보이지만 완전히 진심은 아닌 칭찬을 하기도 하고, 사랑하는 사람에게 상처를 주지 않으려고 진실을 숨기기도 한다.

거짓말과 거짓말이 아닌 것은 언제나 온전히 균형의 문제다. 한편 개인적인 정직과 깨끗한 양심은 사람들과 거리를 두게 할 수도 있고, 진실의 조작이 지속적인 조화를 만들 수도 있다. 흑 아니면 백, 선 아니면 악만 존재하는 경우는 거의 없고, 거짓 아니면 진실만 존재하는 경우도 거의 없다. 중요한 것은 거짓말의 다양한 종류를 구분하는 일이다.

나는 당신과 함께 거짓말의 세계로 작은 여행을 해보려

고 한다. 어떤 종류의 거짓말이 있고, 거짓말 뒤에는 어떤 동기들이 숨어 있는지 함께 찾아볼 것이다. 거짓말을 하는 이유에 대해서도 물어볼 것이다.

먼저 거짓말의 여러 측면을 살펴본 후 거짓말과 관련된 가장 흥미로운 측면을 다룰 것이다. 거짓말은 우리의 말과 몸짓 언어에 어떤 영향을 미칠까? 어떤 몸짓과 표정, 화법의 특징이 거짓말쟁이를 폭로할까? 우리는 거짓말이 불가피한 상황에서 들키지 않기 위해 이 지식을 이용할 수도 있다. 그러나 이런 지식은 거짓말과 거짓말쟁이를 맞닥뜨릴 때 그것을 폭로하는 몸짓과 말을 더 잘 알아차리는 데 큰 도움을 준다.

그럼 그다음에는? 상대방이 거짓을 말하고 우리를 속인다는 걸 알았을 때 우리는 무엇을 해야 할까? 이 책 마

지막에서 이 질문을 면밀하게 다룬다. 거기서 우리는 다시
한번 이 문제가 '흑 아니면 백'을 선택하는 문제가 아님을
확인하게 될 것이다. 중요한 건 개별 상황을 고려하면서 누
군가가 거짓말로 우리에게 해를 끼치려는지를 전체적으로
판단하는 일이다. 그런 다음 우리는 그 거짓말에 어떻게 대
처할지 결정해야 한다.

　당신과 함께 거짓말 여행을 할 수 있어 기쁘고, 당신이
이 책을 통해 많은 즐거움과 흥미로운 지식을 얻었으면 좋
겠다.

모니카 마트쉬니히

# contents

## Part 1

# 타인을 속이는
# 일에 대하여

**Part 2**

# 몸짓 언어는
# 거짓말을 하지 않는다

## Part 3

# 거짓말과 거짓말쟁이로부터
# 나를 지키는 법

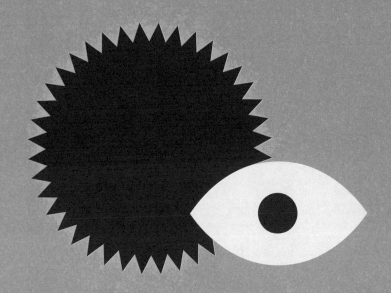

타인을
속이는
일에 대하여

아주 솔직히 말하면 거짓말은 평판에 비해 훨씬 좋은 것이다.

물론 타인에게 손해를 입히는 크고 나쁜 거짓말은 예외다.

반대로 작은 거짓말은 당연한 듯 우리의 일상과 동행한다.

이 모든 거짓말에 적용되는 원칙이 하나 있다.

거짓말을 꿰뚫어 보는 사람이 확실히 유리하다는 것이다.

# 거짓말이 없다면 세상은 어떻게 될까?

*"다른 사람이 나에게 진실을 말하지 않는다고 화를 내서는 안 된다.*
*우리도 종종 그들에게 진실을 말하지 않으니까."*

**라 로슈푸코 공작**

"뭐라고요? 이건 그냥 사기잖아요. 솔직히 바보 취급당한 기분이네요."

나는 일어나서 출구로 향했다. 그러다 곧 뒤에서 들려오는 말에 이내 발걸음을 멈추었다.

"사기가 아니에요. 정말입니다. 이 실험을 통과하기만 하면 당신은 100만 유로를 받습니다. 말씀드렸듯이 실험은 아주 간단해요. 우리가 당신의 어깨에 이 작은 칩을 주입할 겁니다. 그러고 나면 당신은 늘 진실만 말하게 됩니다. 당신이 생각하고 느끼는 그대로 말하게 되죠."

이 얼마나 특이한 제안인가! 있는 그대로의 진실을 모든 이에게 말하고 그 대가로 모든 꿈과 소망을 이룰 수 있다고?

"그래요? 그렇다면 안 할 이유가 없죠. 실험에 참가하겠습니다."

이렇게 말하고 있는 내 목소리가 들렸다. 이미 어깨에서 살짝 따끔함을 느꼈다.

"훌륭합니다. 칩이 완벽하게 장착되었어요. 내일 잠에서 깨면 실험이 시작됩니다."

## 정말로 위험하다

나는 잠에서 깼다. 아주 오랜만에 깊이 푹 잔 느낌이었다. 남편 리처드도 일어나 내게 아침 키스를 하려고 했다. 남편의 얼굴이 가까워지면서 남편의 숨 냄새가 났다. 나는 아침 인사를 건넸다.

"으윽, 당신 입 냄새가 지독해."

남편은 당황스러운 눈빛으로 나를 쳐다보더니 약간 짜증을 내면서 욕실로 비틀거리며 걸어갔다. 나도 남편을 따라 욕실로 갔다. 남편은 팬티 바람으로 양치질을 했다. 몇 년 사이에 조금 불룩해진 남편의 배가 눈에 띄자 나는 벌써 이렇게 말하고 있었다.

"와, 당신 배는 수영 튜브로도 쓸 수 있겠어. 여전히 10년 전 모습을 유지하는 동료를 좀 보고 배워."

남편이 더욱 짜증 난 표정으로 나에게 물었다.

"왜 그래? 잠을 설쳤어? 그렇게 시니컬하게 말할 필요는 없잖아."

남편은 에스프레소 한 잔을 급하게 털어 넣고 아무 말 없이 출근했다.

출근하는 길에 나는 늘 자신만만한 친구로부터 전화를 받았다. 그 친구는 여느 때와 같이 자신과 소위 자신을 여신으로 받드는 남자들 이야기만 늘어놓았다. 친구가 잠시 숨을 고를 때 나는 그 틈을 놓치지 않고 말했다.

"너는 네가 세상의 중심이고 매력이 넘치는 여자라고 믿고 있지만, 솔직히 내 생각에 너는 그냥 평범한 정도야. 더욱이 너의 치아는 누렁니야. 너한테는 언제나 너 자신과 너의 특별함만 중요하겠지. 너의 남자 이야기는 이제 지긋지긋해. 사실 나는 네 성격이 상당히 괴팍하다고 생각해. 너랑 몇 달 이상 지내는 남자가 없는 데는 다 이유가 있는 거야. 너는 다른 사람에게는 진짜 아무 관심이 없어. 나는 너의 이기심에 질려버렸어. 핸드폰에 네 번호가 뜰 때마다 전화를 받을지 말지 세 번씩 고민하곤 해."

친구는 말없이 전화를 끊었다.

사무실에서 아주 친절한 동료가 저 멀리서 나에게 인사를 건넸다.

"안녕하세요! 오늘 기분 어때요?"

내 입에서는 이런 말이 쏟아져 나왔다.

"짜증 제대로 나는 하루네요. 방금 친구가 나한테 쓸데없는 소리를 잔뜩 해댔고, 조금 있다가는 골치 아픈 고객을 상대하러 가야 해요. 상담이 끝나면 쓸데없는 보고서를 사장님한테 제출해야 하죠. 늦은 오후에는 아이 선생님과 면담을 해야 하는데 그것 때문에 벌써 속이 울렁거려요."

> 만약 우리가 생각하는 것을 아무런 거리낌 없이 모두 말한다면 어떤 일이 벌어질까? 그리고 우리는 어떤 기분이 들까?

나는 책상에 앉아 고객 상담 서류를 정리했다. 그때 한 지인이 보낸 왓츠앱 메시지가 울렸다. 샴페인 브런치 초대였다. 나는 이렇게 대답했다.

"미안. 나는 너희 같은 아첨꾼들과 브런치를 즐길 마음이 없어."

나는 약속 시간에 정확히 상담실로 들어가 고객에게 인사를 건넸다.

"와, 제가 구글로 검색해서 봤던 사진보다 실물이 훨씬 낫네요. 엉덩이가 정말 탱탱해 보입니다. 상담하면서 다른 생각 하지 않도록 조심해야겠어요."

나는 우리 제품을 소개하고 마지막에 이렇게 덧붙였다.

"솔직히 말해서 이 제품에 확신이 있는 건 아닙니다. 그래도 우리는 이 제품을 판매하고 있습니다. 마진이 아주 크거든요. 그리고 아시겠지만 언급된 서비스도 모두 제공해드릴 수는 없어요. 우리가 그럴 능력은 안 되거든요. 그래도 계약서에 서명해주시면 정말 좋겠습니다. 제가 상당한 보너스를 받게 되니까요."

계약서 서명은 무기한 연기되었다.

사장에게 보고서를 제출하기 전에 나는 크루아상을 사려고 빵집으로 재빨리 향했다. 긴 대기줄에 서 있는데 내 앞에서 맥킨지 직원처럼 생긴 재수 없는 양복쟁이가 큰 소리로 회사 내부 결정에 관한 통화를 하고 있었다. 나는 통화 내용을 들을 수밖에 없었다. 나는 그 사람을 톡톡 치고 이렇게 요구했다.

"당신은 양복을 입고 넥타이를 매고 있으면 다른 모든 사람을 당신네 회사 내부 기밀로 귀찮게 해도 된다고 믿는 모양이네요. 좀 조용히 통화하세요. 통화를 안 하면 더 좋고요."

빵집 판매원이 미소를 지으며 나에게 물었다.

"무엇을 드릴까요?"

"크루아상 하나 주세요."

판매원은 앞의 손님들에게 했던 것처럼 나에게도 아무 감정 없이 대답했다.

"네, 감사합니다."

나는 판매원에게 물었다.

"이 일이 정말 즐거운가요?"

"당연히 즐겁죠."

이 대답에 나는 이렇게 대꾸했다.

"우습군요. 전혀 그래 보이지 않거든요."

나는 사장에게 보고서를 제출하면서 동시에 이렇게 말했다.

"사장님이 중요하게 여기시는 관료적 규정이 저를 상당히 성가시게 해요. 그런데 요즘 사장님에 관한 소문이 하나 돌고 있습니다. 구체적으로 말하면 팀장님한테 들었어요. 사장님이 안내데스크의 젊은 여직원과 그렇고 그런 사이라고요. 늙은 꼰대가 아직 미성년자나 다름없는 젊은 아가씨와 한 침대에서 뒹구는 일은 역겹다고 생각합니다."

나는 내동댕이쳐지듯 쫓겨났다.

오후에 나는 아이 선생님을 만나 내 생각을 전했다.

"선생님은 아이들에게 아무 감정도 느끼지 못하는 것 같아요. 한 학급을 이끌어갈 능력도 없으니 아이들에게 무언가를 가르친다는 건 더 말할 것도 없죠. 대다수 학생들의 성적이 여전히 그렇게 나쁜 게 자신의 수업 방식 때문은 아닐까라는 의문을 한 번이라도 가져본 적이 있나요? 저도 선생님처럼 편안한 직업을 가졌으면 좋겠네요. 수업은 몇 시간만 하고 자유 시간은 그렇게 많이 누리면서 월급은 또 꽤 받잖아요. 참, 환경에 대한 열정이 넘치시는 것도 많이 진부해 보여요. 반 전체가 선생님을 '브로콜리'라고 부르는 것도 그리 놀라운 일은 아니죠."

아, 불쌍한 우리 아이. 앞으로 학교에서 펼쳐질 고생길이 눈에 선하다.

집으로 가는 길에 나는 세무서로 편지를 부쳤다. 편지에는 이런 내용이 들어 있었다.

"당신들은 제대로 일을 하지 않는 게으른 공무원들입니다. 나의 세금 신고 조작을 발견하지도 못했죠. 그래서 지금 신고합니다."

마침 그때 한 이웃이 내 쪽으로 오고 있었는데, 그 이웃은 나에게 말을 건네기도 전에 이런 말을 들어야 했다.

"제발 나한테 말 걸지 마세요. 의미 없는 수다를 떨고 싶지도 않고, 당신이 전하는 이웃들에 관한 뒷담화도 듣고 싶지 않아요."

상처받은 이웃은 방향을 돌려 반대편으로 걸어갔다.

집으로 들어가니 꽃다발을 든 남편이 나를 반기며 포옹했다. 나는 이런 반응을 보였다.

"웬 꽃이야? 뭐 잘못한 일 있어? 한번 말해 봐. 요즘 왜 그렇게 자주 야근을 하는 거지? 어디서 바람피우는 거 아니야? 뭐 어쨌든 이해할게. 그런데 그거 알아? 우리 생활은 오직 아이들에게만 맞춰져 있어. 당신은 가족들 생활에 전혀 도움을 주지 않지. 당신 일이 가족보다 늘 더 중요하니까. 당신은 내가 집에 있는 게 너무나 당연하다고 생각해. 가족에게 나는 요리사이자 청소부고, 보모이자 하녀야. 이미 오래전부터 난 우리 부부 사이에서 행복을 느끼지 못해. 우린 이혼하는 게 좋겠어."

그날 저녁은 재앙으로 끝이 났다.

## 거침없는 솔직함이 낳는 결과들

이런 가상의 시나리오는 끝없이 이어질 수 있다. 그렇지만 이미 우리는 거침없는 솔직함이 하루 동안 낳은 결과를 충분히 보았다.

- 이혼
- 아이들과의 이별
- 실업
- 업무상 과실에 대한 회사의 소송

- 친구와의 절교
- 세무 조사에 시달림
- 모든 사람과의 친교 단절
- 외로움
- 고립

요약하면 거짓과 속임이 없는 완전한 순수의 세계는 순진한 영혼과 현실을 부정하는 사람만이 염원할 수 있다. 우리가 거짓말을 할 줄 모른다면 세상은 사람들의 전쟁터로 변할 것이다.

거짓말이 없다면 사회적 관계는 견디기 힘들 것이다. 그렇다고 해서 사회적 관계들이 명백한 거짓, 즉 허위에 기초해 구성되어서도 안 된다. 결국 거짓이라는 화살은 언젠가 방향을 바꾸어 나를 향해 날아올 것이다. 중요한 건 뉘앙스다.

거짓말의 폭은 대단히 넓다. 사람들이 함께 살아가는데 필요한 거짓말의 종류는 매우 다양하다. 매력적이고 악의 없는 거짓말이나 친절함을 생각해보라. 예의 바른 사교법이나 중요하진 않지만 상처를 줄 수 있는 진실을 철저히 은폐하는 상황도 생각해보라. 외교적 기술도 여기서 이야기할 수 있다. 호의적인 거짓말들은 신뢰를 만들고 관계를 돈독하게 하며 존중을 낳는다. 이런 이야기들을 하나씩 순서대로 살펴보자. 거짓말이란 무엇인가? 어떤 종류의 거짓 말이 존재하고 우리 인간은 왜 거짓말을 할까? 이제부터 이 모든 것에 대해 더 많이 알게 될 것이다.

# 거짓말은 사회적 결속을 위한 도구

*"온 세계는 연극 무대다. 모든 남녀는 그저 배우일 뿐이다.*
*그들은 무대에 등장했다가 퇴장한다."*

윌리엄 셰익스피어, 희극《뜻대로 하세요 As You Like It》 중에서

앞에 나온 사건들에서 당신의 모습을 본 적이 있는가? 당신은 거짓말을 다른 관점에서 살펴본 적이 있는가? 진정 거짓말은 언제나 나쁜 것인가?

십계명, 그중 제8계명을 생각해보자(가톨릭교와 루터교에서는 제8계명, 다른 개신교 교파에서는 제9계명이다—옮긴이).

"이웃에게 불리한 거짓 증언을 하지 말라."

부모들은 일찍부터 아이들에게 엄하게 일러둔다.

"거짓말을 하면 안 된다."

이 훈육은 아이들의 마음속 깊이 자리 잡는다. 많은 사

람들이 확신하건대, 다른 사람에게 의식적으로 거짓말을
하는 사람은 진실을 거슬러 '죄를 범하는' 사람이고 동료
의 존엄을 훼손하는 사람이다. 이처럼 거짓말은 늘 명백한
죄로 여겨진다. '에페소인들에게 보낸 편지' 4장 25절에는
이런 내용이 있다.

"그러므로 거짓말을 버리고 각자 이웃에게 진실을 말하
십시오. 우리는 서로 한 몸의 지체들이기 때문입니다."

그런데 같은 장 29절에는 이런 구절도 있다.

"나쁜 말을 입에 올리지 말고, 오히려 필요하다면 좋은
말을 해서 그 말을 듣는 사람에게 힘을 주고 도움을 주십
시오."

이 구절들의 의미를 찬찬히 살펴보자. 우리는 다른 사
람에게 이유 없이 거짓말을 해서는 안 되고, 그들에게 손해
를 입히거나 그들의 권리를 훼손하는 일을 해서도 안 된다.
그러나 앞에 나오는 인용문에서 확인할 수 있듯이, 성서조
차도 사회적 거짓말은 허용해야 한다고 말한다. 사회적 거
짓말은 사회의 접착제이기 때문이다.

그런데 흥미롭게도 사람들은 타인과의 대화에서 언제
나 진실을 원하고 거짓을 거부한다. 그렇지 않다고 주장하
는 사람을 본 적이 거의 없을 것이다. 그렇지만 이런 의지
와는 반대로, 우리가 의식하느냐와 상관없이 거짓말은 우
리의 거의 모든 일상에서 통용된다.

*진실 없이 살아갈 수는 없지만, 거짓 없이도 삶은 제대로 굴러가지 않는다. 삶은 진실과 거짓 사이의 균형 잡기다.*

많은 사람들은 자신의 진실을 보여주려고 끈질기게 노력하고 타인에게도 이를 요구한다. 그러나 진실과 거짓 둘 다 각자의 가치가 있다. 왜냐하면 사회 속에 자리 잡은 거짓말, 예를 들어 안부 인사, 의례적인 미사여구, 사회적 역할 놀이, 감정의 절제나 위계적 관계의 용인 등은 사회적 결속을 강화하기 때문이다. 이런 거짓말들이 존재하지 않는다면 결혼 생활은 실패할 것이고, 가족과 친구 관계는 망가지고, 비즈니스 관계는 깨질 것이며, 동료들은 서로 불신하게 될 것이다. 역설적이게도 그렇게 칭송받는 진실은 종종 친밀함 대신 거리감을 만든다. 진실은 우리를 고립시키고 때때로 우리를 너무 외롭게 한다.

이렇듯 거짓말은 사회적 유대를 만들어주는 도구다. 그런데 모든 거짓말이 그럴까? 거짓말에는 어떤 종류가 있을까? 거짓말을 하게 되는 동기는 무엇일까? 어떤 거짓말이 용인될 수 없을까? 거짓말은 언제 폭로되어야 할까? 이런 질문들과 함께 선한 거짓말과 악한 거짓말의 세계로 들어가보자.

**과연 무엇이 진실일까?**

진실은 존재하지 않는다. 철학자 니체가 이미 말했듯이 진실은 환상이다. 기억은 늘 주관적이고, 말은 각자에게 다른 의미가 된다. 이렇게 진실은 언제나 거짓의 일부이고, 사실은 언제나 기만의 일부다.

# 거짓말을 면밀하게 들여다보기

*"당신이 말하는 모든 것은 진실해야 한다.*
*그러나 당신이 모든 진실을 말할 필요는 없다."*

볼테르

정직은 오래가고 거짓은 멀리 가지 못한다는 속담이 있다. 이 속담은 여전히 유효할까? 솔직히 말하면 우리는 어느 곳에서나 속임과 사기를 당할 수 있다고 생각한다. 특히 경제생활에서 그런 상황이 잘 드러난다. 제품들을 요란하게 홍보하지만 광고 속 약속은 지켜지지 않는다. 단기 시즌 마감 세일은 일 년 내내 계속된다. 보험사들은 갑자기 손해를 보상하지 않으려고 한다. 정치인들은 나중에 지키지 못할 공약을 선거 때마다 약속한다. 대기업들은 지속 가능성을 아주 멋있게 선전하면서도 뻔뻔스럽게 계속해서 환경을 훼손한다. 임마누엘 칸트가 이 모든 상황을 본다면 몸서리를 쳤을 것이다. 철학자 칸트는 거짓말의 단호한 반대자였다.

"거짓말은 (……) 자기 존엄성의 파괴다. 다른 사람에게 (……) 한 이야기를 스스로 믿지 않는 사람은 단순한 사물보다 가치가 떨어진다."

이 주제와 관련된 칸트의 사례 또한 유명하다. 죄가 없는 친구를 숨겨주고 있다고 상상해보라. 집행관이 당신을 찾아와 친구가 머무는 곳을 묻는다. 칸트의 윤리관에 따르면 당신은 문 앞에 서 있는 집행관에게 거짓말을 하면 안된다. 비록 그 집행관이 죄 없는 친구를 죽일 거라는 것을 알고 있더라도 말이다. 당신은 이렇게 할 수 있겠는가? 아마도 당신은 딜레마에 빠질 것이다. 그리고 대부분의 사람은 틀림없이 거짓말을 선택할 것이다. 이런 가능성에도 불구하고 오늘날까지 거짓말의 이미지는 부정적이다. 우리는 거짓말을 더 잘 이해하려고 노력해야 할 것이다.

## 거짓말의 정의

오늘날까지 거짓말 혹은 속임수의 뜻을 명쾌하게 밝혀주는 정의는 존재하지 않는다. 심리학자 마르크 안드레 라인하르트는 자신의 학위 논문 〈신뢰성 판단 과정<sup>Prozess der Glaubwürdigkeitsbeurteilung</sup>〉에서 개인에 따라 거짓말이 얼마나 다르게 이해되는지를 보여준다. 거짓말은 객관적인 비진실일 수도 있다. 반면 어떤 이들은 상대방이 의도적으로 꾸민 진실하지 않은 말만 거짓말로 여긴다. 또 어떤 이들은 누군가가 마음속에 나쁜 의도를 품었을 때 이미 거짓말이 시작된다고 생각한다. 속임은 언어적으로, 비언어적으로, 그리고 침묵을 통해서도 일어날 수 있다. 그중에서 거짓말은 언어적 속임이다. 이 책에서는 쉬운 설명을 위해 이런 개념들을 명확하게 구별해 사용하지 않는다.

미국의 인류학자이자 심리학자인 폴 에크먼은 감정 전문가로도 유명한데, 에크먼은 거짓말을 다음과 같이 정의한다.

"거짓말의 목적은 상대방에게 미리 알려주지도 않고 상대방의 명시적인 요구도 받지 않은 채 상대방을 속이는 데 있다."

에크먼에 따르면 다음 세 가지 조건으로 거짓말을 하게 된다.

- 잘못된 정보를 제공하려는 의도가 있을 때
- 거짓 또는 진실을 선택할 수 있을 때
- 거짓과 진실 사이의 차이를 알고 있을 때

그러나 틀린 진술이나 속임이 반드시 거짓말은 아니며 단순한 무지에서 나온 오류일 수도 있다. 이런 무지와는 반대로, 거짓말을 하는 사람은 자신이 무슨 일을 하는지 정확히 알고 있다. 빌 클린턴은 모니카 르윈스키와의 소송에서 자신을 보호하려고 의도적으로 거짓말을 했다. 독일의 정치인 카를테오도어 추 구텐베르크는 박사 논문에 대한 표절 논란이 일 때 거짓말을 했고 그에 따른 합당한 처벌을 받았다. 분명히 두 사람은 심각한 거짓말과 기만행위를 했다. 그런데 사소한 부정직은 어떨까? "너한테 그 옷은 정말 잘 어울려!", "당신 너무 멋져 보여!", "음, 할머니, 기름진 돼지고기 구이가 다시 맛있어졌어요"와 같은 거짓말 말이다. 이런 거짓말은 누구에게도 해를 끼치지 않고 오히려 정반대 결과를 낳는다.

정보를 의도적으로 조작하는 것도 거짓말의 일종이다. 예를 들어 3성급 호텔의 휴가 경품에 당첨된 친구가 5성급 호화 호텔에서 며칠 동안 뒹굴 예정이라고 자랑한다. 즉 그 친구는 정보를 의식적으로 조작했다.

정보를 생략하는 것도 기만행위일 수 있다. 바람을 피운다고 상상해보라. 배우자가 당신에게 불륜을 캐묻지는 않을 테고 당신 또한 그 일을 전혀 언급하지 않을 것이다. 이 또한 거짓말의 일종이다.

## 하얀 거짓말과 검은 거짓말

앵글로아메리카 문화에서는 '하얀 거짓말'과 '검은 거짓말'을 구별한다. 대단히 적절한 구별이다. 흰색은 결백, 순수, 빛남을 의미한다. 반면 많은 사람들은 검은색을 불행, 금지된 것, 불의와 연결한다. 하얀 거짓말은 무해하고 도덕적으로 용인될 수 있으며 긍정적인 동기에서 나온다. 이렇듯 사람들은 하얀 거짓말을 좋은 거짓말로 여긴다. 하얀 거짓말은 사회적으로 수용되어 친사회적 거짓말 혹은 기대되는 거짓말이라고도 불린다.

이런 점에서 거짓말하는 능력도 사회적 능력이다. 하얀 거짓말은 타인에게 불필요한 상처를 주는 일을 막아준다. 타인의 기분을 좋게 해주고 싶고 그 사람의 좋은 기분이 우리에게도 유용하다는 걸 알 때 우리는 친사회적 거짓말을 한다. 누구나 각자의 비용 편익 분석에 따라 친사회적 거짓말의 유용성을 재빨리 계산한다.

거짓말이 가져올 유용성이 더 크고 그 비용이 적다고 기대될수록 거짓말을 하게 될 가능성은 높아진다. 우리는 상사들에게 아부하는데 그것은 속으로 상사들이 다음 임금 인상 때 우리를 고려해줄 거라고 기대하기 때문이다. 10대들은 숙모의 퍽퍽한 케이크를 칭찬하는데 그것은 그들이 더 많은 용돈이 필요하기 때문이다. 비록 너무 말라 창백해 보여도 친구의 기분을 좋게 하기 위해 우리는 친구의 외모를 칭찬한다. 비록 속으로는 '으악, 완전히 소금을 쏟아 부었네'라고 생각해도 겉으로는 남편이 차린 음식을 칭찬한다. 남편이 쏟은 노력을 높이 평가해주고 싶기 때문이다. 사람들은 이런 종류의 친사회적 거짓말을 도덕적으로 용인하고 심지어 환영하는 것처럼 보인다.

회사에서도 많은 거짓말들이 오고 간다. 실제로는 난잡한 슬라이드 쇼에 불과했지만 우리는 동료의 발표를 칭찬한다. 비록 어딘가에서 훔쳐온 의견일 텐데도 우리는 사장의 전략에 찬사를 보낸다. 우리는 동료에게, 부하직원에게, 인턴에게, 고객에게, 거래처에 거짓말을 한다. 왜 그럴까? 왜냐하면 우리는 거짓말의 도움을 받아 서로 존중하고 조화로운 관계를 쌓고 싶기 때문이다. 말하자면 '하얀 거짓말'은 악의 없는 거짓말 혹은 해를 입히지 않는 거짓말에 속한다. 우리는 좋은 목적을 위해, 최선을 다해 이런 거짓말을 한다.

> 친사회적 거짓말은 존중이 넘치는 상호 관계를 만들기 위해 사용하는 무언의 신호다. 이런 거짓말들은 종종 좋은 효과를 낳는다.

어떤 친사회적 거짓말은 부정적인 효과를 낳기도 한다. 아내와 이혼하고 싶지만 곧 졸업 시험을 앞둔 아이에게 부담을 주고 싶지 않아서 이혼을 망설이는 남자가 있다. 이 남자는 가정을 위해 여전히 아내와 함께 새로운 물건을 사고 가족 여행을 계획한다. "사랑해"라는 아내의 말에 "나도"라고 늘 대답한다. 하지만 남편은 이런 거짓말을 그만두고 아내와 아이를 허구의 세계에서 벗어나게 해주는 게 더 낫지 않을까? 이 허구의 세계는 분명 언젠가는 깨질 것이니 말이다.

하얀 거짓말과 반대로 소위 반사회적 거짓말인 '검은 거짓말'은 대체로 도덕적으로 용인될 수 없다고 본다. 검은 거짓말은 이기적인 목적으로 속이기 위한 거짓말이다. 검은 거짓말은 의식적으로 속이는 행위이며 대부분 나쁜 의도가 깔려 있다. 이 나쁜 거짓말들은 상대방 혹은 제삼자에게 해를 끼치려고 하는 거짓말이다. 검은 거짓말은 의식적인 왜곡일 수도 있고 중요한 정보에 대한 의도적인 침묵일 수도 있다. 선한 거짓말과 악한 거짓말의 구분은 그 동기에 달려 있다. 결혼 후 딴사람이 되는 사람들을 생각해 보라. 그들은 결혼식까지는 완벽한 파트너의 모습을 연기하지만 결혼식 이후에는 진짜 얼굴을 드러내고 뻔뻔하게 상황을 이용한다.

## 거짓말의 종류

'거짓말학mentiologie', 즉 거짓말을 다루는 학문이라는 개념은 사회학자 페터 슈티그니츠가 처음 도입했다. 라틴어 동사 '멘티레mentire'는 '거짓말하다', '상상하다'라는 뜻이다. 슈티그니츠는 자신의 책 《거짓말: 삶의 소금Die Lüge: Das Salz des Lebens》에서 거짓말의 종류를 구분하고 거짓말이 상황에 따라 하얀 거짓말 혹은 검은 거짓말로 쉽게 규정될 수 있다고 했다.

### 자기기만

슈티그니츠는 이렇게 말한다.

"자기기만은 우리에게 유용한 약과 같다. 중요한 건 복용량이다."

말하자면 자기기만은 자아존중감을 높이는 데 기여하고 자기 보상에 도움이 된다. 우리는 매일 여러 차례 자기기만을 한다. "나는 안정된 직업이 있어", "나는 이 프로젝트를 아주 쉽게 마칠 수 있어. 이 프로젝트는 식은 죽 먹기야", "내 발표는 대단히 훌륭했어. 단지 동료들이 그 가치를 알아차리지 못했을 뿐이야", "아무 문제 없어. 나는 곧 다시 새로운 자리를 찾게 될 거야", "케이크 한 조각 더 먹어도 엉덩이에는 아무 영향 없어", "이게 마지막 담배야", "나는 지금 당장이라도 술을 끊을 수 있어"라는 식으로 말이다. 우리는 이런 확신과 함께 자신을 속이려고 노력하지만, 동시에 통제의 환상에 빠져 있다는 걸 알고 있다.

그럼에도 자기기만의 긍정적인 측면도 많다. 2014년에 나온 한 연구 결과에 따르면, 자기기만을 하는 직원들이 실제로 승진이 더 잘 된다. 스스로를 뽐내는 사람이 동료들에게 더 능력 있는 사람으로 인지된 것이다. 용감하게 앞으로 나아가기 위해 스스로 무언가를 속이는 일은 직업의 세계에서 사다리를 타고 위로 올라가는 가장 빠른 방법이다. "먼저 존재하고, 그다음에 되어라!" 혹은 "될 때까지 속여라!"라는 모토 아래 움직이는 것이다.

자기기만은 동기를 안정시키는 데 유용하다. 튀빙겐의 정신과 의사 귄터 클로진스키는 한 학술 행사에서 이렇게 말했다.

"발달심리학의 관점에서 보면 거짓말과 속임수의 능력은 사회 지능을 측정하는 하나의 척도입니다. 거짓말 능력은 무엇보다도 행동의 동기, 그리고 동기와 관련된 심리적 인과성을 통찰하는 능력을 전제하기 때문입니다."

요약하면 우리는 우리의 삶이 더 수월해지도록 진실을 왜곡한다. 가끔씩 하는 약간의 자기기만은 대부분 해롭지 않다.

## 불가피한 거짓말

거짓말을 상황에 맞게 구사하는 능력은 사회적 지능의 한 척도다. 이런 능력이 있는 사람은 자신이 보기에 목표의 가치가 크고 성공할 가능성이 높을 때 거짓말을 한다. 말하자면 가치와 성공 가능성이 높을수록 더 많은 거짓말을 한다.

미국의 작가 마크 트웨인은 다음과 같은 말로 거짓말의 특성을 아주 잘 표현했다.

"모든 사람은 매일, 매시간, 잠잘 때나 깨어 있을 때나, 기쁠 때나 슬플 때나 거짓말을 한다. 혀가 쉬고 있으면 손과 발가락, 눈, 태도가 속임수를 부린다."

대부분의 거짓말은 불가피한 거짓말이고 무해한 거짓말이다. 불가피한 거짓말은 이미 이와 같은 작은 질문에서 시작한다.

"잘 지냈어?"

그러면 대부분 이렇게 대답한다.

"잘 지내. 고마워. 너도 잘 지내지?"

누군가는 이렇게 말하기도 한다.

"150유로만 있으면 되는데 좀 빌려줄래? 월초에는 틀림없이 갚을 수 있을 거야."

월초에도 은행 계좌는 여전히 마이너스일 것을 이미 알고 있지만 말이다.

또 자신에게 필요하지 않은 선물을 받고 기뻐하는 척을 해보지 않은 사람이 어디 있겠는가. 이처럼 우리는 이런 거짓말을 하루에 200번도 더 할 것이다. 불가피한 거짓말들이 친절, 존중, 사랑, 보호 또는 공감에서 나올 때 사람들은 이 거짓말들을 용납할 수 있다.

불가피한 거짓말이 없으면 우리 사회는 제대로 작동하지 못할 것이다. 모든 사람이 늘 진실만을 말한다면 사회적 틀이 붕괴될 것이다. 배우자, 친구, 동료, 낯선 사람에게 늘 진실만을 말하는 상황은 상상하기조차 힘들다. 그런 상황은 상처를 줄 것이고 함께하는 생활을 견딜 수 없게 만들 것이다. 타인에게 손해를 끼치거나 그들로부터 이익을 얻기 위해 사용하지 않는 한, 불가피한 거짓말은 전적으로 허용될 것이다.

**자기 과시적 거짓말**

자기 과시적 거짓말이란 자신의 업적이나 성공을 체계적으로 과장하는 동시에 안타까운 실패는 축소하는 거짓말을 말한다. 자기 과시적 거짓말의 모토를 이렇게 정리할 수도 있겠다. 실제보다 허상을 더 크게 꾸미기. 6킬로미터 달리기가 순식간에 하프 마라톤으로 바뀐다. 연봉은 대화 중에 종종 30퍼센트 증가한다. 누가 그 말을 검증하겠는가. 중요한 건 이런 과장을 이용해 다른 사람에게 깊은 인상을 주고 자신의 인정 욕구를 채울 수 있다는 점이다. 그 래서 자기 과시적 거짓말은 사회생활에서 자기를 표현하는 고전적 방식이기도 하다. 즉 자기 과시적 거짓말은 자신을 실제보다 조금 더 나은 모습으로 보이는 기술이다. 이 기술을 통해 다른 사람보다 더 나은 위치를 차지할 수 있다.

바로 인터넷과 SNS에서 이런 종류의 거짓말이 자주 등장한다. 우리는 행복한 순간만을 포스팅하고 필터 없이는 아무 사진도 올리지 않으면서 모든 일의 밝은 면만 보여준다. 다른 사람들에게 좋은 인상을 남기기 위해 틀렸거나 과장된 정보를 전달한다. 데이트 사이트에서는 이 방법을 이용해 잠재적 파트너를 잘 골라내야 한다. 그리고 우리 각자는 이 기술을 잘 알고 있지만 같은 기술을 이용하는 타인의 미화된 모습과 이상적인 세계에 계속해서 속아 넘어가곤 한다.

**파렴치한 거짓말**

파렴치한 거짓말에서는 오직 자신의 이익만이 중요하다. 어떤 피해가 발생하느냐는 아랑곳하지 않는다. 이런 종류의 거짓말은 타인을 속이거나 타인에게 손해를 입히려고, 틀린 정보를 전달하거나 오류에 빠지게 하려고 의식적으로 만들어진다. 직업적 경쟁 상황에서 이런 종류의 거짓말을 매우 자주 만난다. 정치인들도 이런 거짓말을 마다하지 않는다.

　이때 정직과 존중은 순식간에 낯선 단어가 되어버린다. 실수는 다른 사람의 탓이 되고 언제나 희생양이 생긴다. 대표적인 사례가 미국 45대 대통령 도널드 트럼프다. 〈워싱턴 포스트〉에 따르면 트럼프는 2020년 6월까지 잘못된 정보가 담겼거나 사실을 왜곡하는 18,000개(!)의 트위터를 올렸다. 트럼프가 파렴치한 거짓말을 이처럼 쉽게 자주 할 수 있었던 이유는 언제나 희생양을 어려움 없이 찾아냈기 때문이다. 한때 희생양은 중국인이었고, 그다음에는 유럽인, 미국 기업, 자신의 직원들, 가짜 뉴스를 생산하는 언론, 페이스북, 트위터, 급진좌파들, 바이러스 학자들, 외국인 등이 희생양으로 등장했다. 희생양이 발견되지 못하면 희생양은 '발명'된다. 이때 중요한 건 다른 사람에게 죄를 덮어씌우면서 소위 자신의 시장 가치를 높이는 일이다.

---

**가짜 뉴스를 조심하라**
인지 과학자 데브 로이는 트위터에서 진실보다 거짓이 공유될 확률이 70퍼센트 더 높다는 사실을 보여주었다. 진짜 뉴스가 트위터 사용자 1,500명에게 도달하는 데 걸리는 시간은 가짜 뉴스보다 6배 더 길었다.

## 강박적 거짓말

그렇다. 실제로 거짓말에 중독된 사람들이 있다. 이들의 거짓말은 병리적 행동이다. 그들은 주변에 터무니없는 말과 환상적인 이야기를 끊임없이 늘어놓는다. 자존감 문제를 숨기고 더 멋있게 보이려고, 또는 이익을 확실하게 얻으려고 거짓말을 한다. 거짓말은 병리적 강박이 될 수 있다. 강박적 거짓말을 하는 사람은 죄의식이 없고 사회적 능력이 떨어진다. 지속적인 강박적 거짓말의 결과는 고립이다. 고립은 낮은 자존감에 더 큰 상처를 준다. 사람들은 흔히 말한다.

"한 번 거짓말을 한 사람의 경우, 그가 진실을 말해도 사람들이 그의 말을 믿지 않는다."

사람들은 드라마에서 악명 높은 거짓말쟁이를 경험하곤 한다. 거짓말쟁이의 이야기를 확인해줄 수 있는 증인은 아무도 없다. 거짓말쟁이는 질문을 회피하고 스스로 모순에 빠진다.

이런 유형의 거짓말에 대해 '공상허언증', 거짓말 중독이라고 부르기도 한다. 이런 거짓말을 하는 사람들은 거짓말과 과장을 하라고 시키는 강박적 충동에 사로잡혀 있다. 의학에서 이 강박은 뮌하우젠 증후군으로 알려져 있는데, 이 증후군 환자는 신체 질환을 만들어내고 거짓 증상을 제시한다. 심지어 발명한 질병의 신뢰성을 높이려고 스스로 상처를 내기도 한다. 이들은 종종 대단히 확신에 찬 모습을 보여주는데 의사들의 주의와 인정을 받는 것이 목표다.

## 거짓말의 동기

사람은 왜 거짓말을 할까? 그 동기는 무엇일까? 이 질문은 당신이 사람을 만날 때마다 늘 마음에 담고 있어야 하는 질문이다. 동기는 동기화라는 과정을 통해 나온다. 즉 사람들이 거짓말을 하게 되는 동인들이 있다. 지금부터 거짓말의 가장 흔한 동기들을 한번 살펴보자.

### 권력을 얻고 유지하고 싶어서

사회적 권력, 높은 지위, 경제적 안녕과 경쟁의 추구는 자주 등장하는 거짓말의 동기다. 인간에게는 영향을 미치고 결정할 수 있는 지위를 차지하려는 욕구가 있다. 그 지위를 얻기 위해 사람들은 기꺼이 도덕적 경계를 넘으려고 한다. 진짜 권력자는 조작을 대단히 잘하고 파괴적으로 행동할 줄 안다. 이때 진실은 종종 거추장스러운 방해물이다.

### 명성을 높이려고, 실제보다 더 큰 허상으로

명성 높이기도 거짓말의 흔한 동기다. 사람들은 자신

을 실제보다 더 나은 사람으로 소개한다. 제품이나 서비스를 과장해 발표하고 단점은 언급하지 않는다. 특별히 이런 유형의 거짓말은 광고, 데이트, 인터넷에서 흔히 등장한다. 이런 거짓말을 통해 사람들은 더 많은 인정과 찬사를 받으려고 한다. 혹은 더 많이 더 빨리 판매하려고 한다. 긍정적인 측면은 미화되어 소개되고, 부정적인 측면은 침묵 속에 감춰진다.

> 2018년 스플렌디드 리서치의 조사에 따르면 입사 지원을 할 때 남성 24.7퍼센트, 여성 18.5퍼센트는 자기 능력을 과장해 취업 기회를 높이려고 했다.

**나를 위한 이기적인 거짓말**

인간은 이기적인 존재다. 사람들은 결국 자신을 위한 일을 한다. 개인적, 직업적, 사회적으로 이익을 얻을 수 있다면 거짓말도 옳은 일이 된다. 모든 장점을 갖춘 제품을 광고하지만 그 제품의 생산 능력이 제한되어 있다는 점을 언급하지 않는다. 정치인들은 육아수당을 약속하지만 그 돈을 어딘가에서 가져와야 한다는 사실은 말하지 않는다. 그들의 목표는 재선일 뿐이다! 내가 원하는 모험 여행을 관철하기 위해서는 배우자가 제안한 휴가 계획을 계속 별로라고 말해야 한다. 거짓말의 이런 동기는 자동차, 금융상

품, 부동산 판매에서도 작동한다. 물량 부족, 수수료, 녹슨 수도관 문제는 계약이 체결된 다음에야 알게 된다.

---

**거짓말의 동기 Top 10**

2016년 스플렌디드 리서치가 어떤 동기로 거짓말을 하는지에 대해 설문 조사를 했다.

- **1위(49퍼센트):** 다른 사람을 치켜세워주려고 거짓말을 한다 ("새 옷이 정말 잘 어울려").
- **2위(40.2퍼센트):** 거짓말로 부지런함을 보여주고 싶어 한다 ("저녁 내내 발표 준비를 했어").
- **3위(38.6퍼센트):** 휴식을 위해 거짓말을 한다("아, 아쉽지만 그때는 시간이 안 돼").
- **4위(37.3퍼센트):** 거짓말을 통해 위로와 위안을 주려고 한다 ("그 여자와는 진지한 관계가 절대 아니야").
- **5위(27.1퍼센트):** 신뢰감과 시간을 엄수하는 모습을 보여주려고 거짓말을 한다("지금 가고 있어").
- **6위(25.8퍼센트):** 관심을 받고 집단에 속하기 위해 거짓말을 한다("나도 액션 영화 완전 좋아해").
- **7위(23.2퍼센트):** 좋은 소식을 숨기기 위해 거짓말을 한다 ("임신한 게 아니라 오늘은 그냥 술을 마시고 싶지 않네요").
- **8위(21.9퍼센트):** 타인의 생각을 자기 생각으로 내놓으면서 거짓말을 한다("이 모든 걸 내가 직접 생각했어!").
- **9위(20.5퍼센트):** 평생의 거짓말을 숨기기 위해 거짓말을 한다("다시 태어난다면 난 모든 일을 제대로 할 수 있을 거야").
- **10위(28.8퍼센트):** 그 밖의 다른 이유로 거짓말을 한다.

## 두려움을 회피하려고

사람들은 특정한 감정 상태와 반응을 피하기 위해서도 거짓말을 한다. 예를 들어 고통, 부끄러움 혹은 처벌에 대한 두려움 때문에 기꺼이 거짓말을 한다. 페터 슈티그니츠는 말했다.

"우리는 책임져야 하는 것이 두렵다. 제재를 받는 일이 두렵다. (……) 우리는 사랑받고 싶고 어려움을 피하고 싶다."

아이들은 벌을 받지 않으려고 종종 거짓말을 한다. 아이들은 꾸중을 듣지 않거나 외출 금지를 당하지 않기 위해 거짓말을 하고, 심하면 정신적, 육체적 폭력을 피하려고 부모에게 거짓말을 늘어놓는다. 처벌에 대한 두려움이 클수록 우리는 자기 보호를 위해 더 많은 거짓말을 한다. 이와 반대로 한 동료와 있었던 가벼운 밀애는 당혹감이나 부끄러움 때문에 숨길 가능성이 더 크다.


## 부끄러워서

나의 조카는 열일곱 살 때 독일어 시험에서 낙제점을 받은 적이 있었다. 조카는 부모에게 교사의 무능함을 토로하고 학생들을 향한 교사의 '언어 학대'를 폭로했다. 부모는 당장 그 독일어 교사를 찾아갔는데, 놀란 독일어 교사는 부모에게 그 말은 '멍청한 학생'의 불평일 뿐이라고 해명했다고 한다. 독일어 교사는 부모에게 조카가 제출한 시험지를 보여주었다. 네 장짜리 시험지에서 틀린 철자가 95개 있었다!

조카의 거짓말 동기는 아주 명백했다. 바로 부끄러움이었다! 자신이 만든 결과가 자신의 요구나 자신이 그리는 이미지에 부합하지 않을 때 당황스럽고 부끄러운 감정이 생겨날 수 있다. 사람들은 그 부끄러운 감정을 없애고 싶어 하고 그 결과는 종종 거짓말로 나타난다. 조카의 이야기는 거짓말에서 종종 얼마나 많은 환상이 전달되는지도 여실히 보여준다. 비록 오래가지는 못했지만 조카는 극단적인 이야기로 부모의 불만족이라는 화살을 교사에게 돌리는 데 성공했다.

---

**불안 vs 두려움**

심리학의 관점에서 보면 불안은 불편하고 괴로운 위협에서 생겨나는 혼란스러운 감정이다. 불안은 주관적인 감정이다. 불안에는 특별한 요인이 없다. 불안은 대상이 없으며 무력감만 낳을 뿐이다. 반면 두려움은 특정한 위험, 예를 들어 사물, 생명체, 환경에 대해 나타나는 반응이다. 두려움에는 언제나 특정한 요인이 있다. 사람들은 거짓말을 이용해 그 요인으로부터 자신을 보호하려고 시도할 수 있다. 이런 의미에서 보면 거짓이라는 잡초는 불안 때문에 자라는 게 아니다.

**나 혹은 타인을 보호하려고**

37퍼센트의 사람들은 자신 혹은 타인에게 미치는 손해를 막고 위로를 전하기 위해 거짓말을 한다. 그러므로 많은 거짓말에는 사욕이 없다. 우리는 타인을 보호하기 위해 거짓말을 하고, 잘못을 스스로 짊어지면서까지 타인에게 거짓 알리바이를 제공한다. 특히 조력자 증후군이 있는 사람들은 타인을 위해 거짓말을 하는 경향이 강하다. 그 이면에는 인기와 사랑을 받고 싶은 마음도 숨어 있다. 그러나 싫다고 말할 줄 알고 타인을 위해 거짓 증언을 하지 않는 사람이 더 많은 존경과 인정을 받는다.

**소속되고 싶은 마음**

홀로 되지 않으려는 마음은 많은 이들이 거짓말을 하는 강력한 동기다. 우리는 공동체에 속하고 싶은 욕구를 타고났다. 모두 연결되고 싶어 하고 소속되고 싶어 한다. 정도의 차이만 있을 뿐이다. 그래서 인간은 종종 자연스럽게 한 집단 속에서 자신을 규정하고, 단지 그 집단의 구성원임을 느끼기 위해 거짓말을 한다. 소속의 동기는 엄청나게 강해서 가끔 특이한 행동을 낳기도 한다.

**편의성 추구**

우리는 또한 불편함을 피하고 수고를 아끼기 위해 자주

거짓말을 한다. 이런 거짓말의 동기는 배우자, 자녀, 친구, 고객, 동료와의 관계를 편안하고 자유롭게 유지하거나 관계의 안정을 해치지 않는 것이다. 우리는 어떤 일을 말하지 않거나 틀리게 묘사하기 위해 약간의 속임수를 쓴다. 우리는 부부나 연인 혹은 자녀들과의 관계에서 상대방의 기분에 자신을 맞추고 상대방의 기대에 따라 행동하기도 한다. 조화, 안정, 균형을 위해서다. 이런 행동들도 모두 거짓말의 일부다. 왜냐하면 우리는 보통 이런 행동을 할 때 타인을 칭찬하고 진정시키며 북돋아주는 조작을 하고 있다는 걸 매우 정확히 알고 있기 때문이다.

피상적인 대화나 잡담을 하고 싶을 때도 편의성은 종종 거짓말의 동기가 된다. 미국의 심리학자이자 거짓말 연구가인 로버트 펠드먼은 일상의 우연한 대화에서 얼마나 의식적으로 자주 거짓말을 하는지를 연구했다. 펠드먼은 서로 모르는 두 사람에게 10분 동안 서로 소개하는 대화를 하게 했다. 대화는 녹음되었고, 그 후에 피실험자들과 함께 대화의 비진실성을 검토했다. 그 결과 두 사람은 10분 동안 평균 3번씩 서로에게 거짓말을 했다.

### 의식적으로 손해를 입히려고

누군가에게 손해를 입히려고 하는 거짓말은 모든 거짓말 중에서 가장 큰 비난을 받아야 하는 것이다. 사람들은 돈, 지위, 사랑, 섹스, 권력 같은 것을 얻기 위해 의식적으로 타인을 속인다. 이런 거짓말은 검은 거짓말 중에서도 가장 검다. 이 검은 구덩이 속에는 뒷담화, 복수욕, 음모도 들어 있다.

## 거짓말, 어떻게 배울까?

심리학자 크리스티나 주호츠키에 따르면 거짓말을 하기 위해 정확히 두 가지 능력이 필요하다. 첫째, 다른 사람의 입장에서 생각할 줄 아는 능력이다. 이 능력을 마음 이론 theory of mind이라고도 부른다. 둘째, 소위 반응 억제력이 필요하다. 반응 억제력이란 자동적인 반작용이나 우리 계획을 방해하는 반응을 누를 줄 아는 능력이다.

좀 더 구체적으로 살펴보자. 거짓말을 하기 위해서는 우선 맞고 틀린 것을 구별할 줄 알아야 한다. 그다음에는 내가 알고 있는 것을 다른 사람은 모른다는 사실을 알아야 한다. 상대방이 나만큼 알고 있을 때는 거짓말을 해서는 안 된다. 아이가 처음으로 당신에게 의식적으로 거짓말을 할 때 당신은 기뻐해야 한다. 첫 번째 거짓말은 인지 발달의 한 전환점이기 때문이다. 아이는 이제 진실이 아님을 알면서도 그것을 말한다.

어린아이들은 보통 마음 놓고 믿어도 된다. 아이들은 한참 후에야 거짓말을 배우기 때문이다.

둘째, 거짓말을 하기 위해서는 진실을 잘 감출 줄 알아야 한다. 보통 서너 살 때까지는 거짓말을 하지 못한다. 이 나이 때 아이들은 아직 진실을 감추는 능력을 배우지 못했기 때문이다. 흥미롭게도, 나이가 들면 진실을 감추는 능력이 다시 감소한다. 이런 이유로 사람들은 노인을 다시 안심하고 신뢰할 수 있다. 어린아이의 거짓말을 관찰해보면 거짓말을 구성하는 일이 얼마나 힘든지 깨닫게 된다. 이미 철학자 루드비히 비트겐슈타인도 이를 적절하게 지적한 바 있다.

"거짓말은 다른 언어와 마찬가지로 배워야 하는 언어 구조물이다."

아이의 사회적 환경에 거짓말이 많을수록 그 아이는 거짓말로 소통하는 양식을 더 빨리 배우고 더 많은 거짓말을 하게 된다. 특별히 손위 형제들이 있는 아이들이 뛰어난 거짓말꾼이 된다.

10~12세쯤에 아이들은 거짓말을 완벽하게 익힌다. 이 또래 아이들은 논리적인 거짓 이야기를 만들어내고, 부모의 의심을 불러올 수 있는 몸짓을 통제할 수 있게 된다. 거짓말을 하는 아이들은 중요한 사회적 능력을 키우게 되는

데, 거짓말은 진실을 말하는 것보다 훨씬 힘들기 때문이다. 거짓말은 정신노동, 논리적 사고, 신체 통제, 언어적 재능을 요구한다. 그런데 아이들은 '거짓말을 하면 안 된다'고 배운다. 그러므로 아이들과 청소년들에게는 거짓말의 도덕적 경계를 파악하는 일이 중요하다.

아이들과 청소년들은 어디서 거짓말이 인정받고 용인될 수 있는지, 그리고 어디서 절대 받아들여지지 않는지를 감지하는 감각을 발달시켜야 한다. 이 능력을 갖추어가는 과정은 곧 어른이 되어가는 과정의 일부라 할 수 있다. 부모는 아이들의 거짓말 전체를 매도해 단죄하는 대신 거짓말 사이의 차이를 가르치면서 아이의 성장 과정에 도움을 줄 수 있다.

---

### 사기꾼과 어둠의 3요소

캐나다의 심리학자 폴허스와 윌리엄스는 어둠의 3요소Dark Triad 라는 개념을 제안했다. 사기꾼이나 협잡꾼, 파괴적인 일을 하고 착취하려는 사람들은 종종 다음의 성격 특성을 보인다는 것이다.

- **마키아벨리즘:** '목적이 수단을 정당화한다'고 생각한다. 마키아벨리즘의 지배를 받는 사람은 다른 사람들을 오직 자신의 목적을 위해서만 이용한다. 조작에 능하고 위선적이며 목표에 도달하면 이용한 사람들과 관계를 끊는다.
- **자기애:** '타인들은 나에게 찬사와 경탄을 보내기 위해 여기 있다'고 생각한다. 스스로를 더 나은 존재로 느끼고 자신이 명

성, 성공 등을 얻을 자격이 있다고 믿는다.

- **사이코패스:** '타인은 객체일 뿐'이라고 생각한다. 이들은 무자비하고 냉혹한 결과를 두려워하지 않는다.

## 남자와 여자의 거짓말이 다르다

거짓말은 실제로 성별에 따라 차이가 있다. 여성은 타인을 위한 거짓말을 많이 하는 반면, 남성은 자신을 위한 거짓말을 많이 한다.

여성의 거짓말은 사회적 화합에 더 큰 관심을 두고 균형을 맞추려고 하며 조화를 이끌어내려고 노력한다. 사회적 화합을 위한 이런 거짓말은 갈등과 공격을 막고 한 집단의 통합을 돌본다. 여성은 대체로 배우자, 친구, 동료 혹은 낯선 사람에게 상처를 주고 싶어 하지 않는다. 진실은 가끔 정말로 아플 수 있기 때문이다.

여성과 반대로 남성은 권력, 명예, 섹스, 돈과 관련된 거짓말을 많이 한다. 남성은 거짓말을 '자아강화 촉진제Ego-booster'로 사용한다. 왜 그럴까? 드러내고 싶지 않은 불안감 때문일까? 충분히 훌륭하지 않다는 걱정 때문일까? 둘 다 맞다.

한편 사랑에 빠진 여성도 자신을 돋보이게 하려고 자주

거짓말을 한다. 즉 거짓말의 목적은 상대방에게 매력적인 이미지를 전하기 위해서다.

> 독일 만하임 대학교의 연구 결과를 보면 싱글 남녀 80 퍼센트는 정직을 이상적인 파트너의 가장 중요한 자질로 생각했다.

특히 처음 사랑에 빠지는 단계에서는 거짓말들이 거침없이 오간다. 비록 많은 사람들이 정직을 훌륭한 덕목으로 여기지만, 우리는 사랑으로 주고받는 거짓말들에 즐거워한다. 톱모델 같은 존재가 이 세상에 있다는 걸 알면서도 "당신은 세상에서 가장 아름다운 여자야"라는 칭찬으로 서로를 기쁘게 한다.

"아니야. 난 당신의 긴 머리에 전혀 관심 없어."

이런 식의 정직한 대답은 대부분의 여성에게 틀림없이 큰 실망감을 안겨줄 것이다. 애교 넘치는 거짓말은 낭만적인 관계의 일부이며, 이런 대화를 나누는 사람 모두를 기분 좋게 해준다. 특정한 시점까지는 그렇다. 만남의 초기 단계에는 두 사람 모두 이런 사기의 준비된 피해자이자 가해자다.

그러나 거짓말이 특정한 경계를 넘어서면 싫증을 느낄 수 있다. 거짓말이 너무 심하면 금방 허풍쟁이로 인지될 것이다. 자칭 와인 전문가라면서 메를로와 키안티를 구별하지 못하는 사람처럼 말이다. 또 채식주의자라고 소개했지만 파트너가 없을 때는 육즙 넘치는 스테이크를 즐기는 사람처럼 말이다. 이런 과대 포장은 언젠가는 무조건 드러나며 관계의 초기부터 신뢰를 심각하게 훼손한다.

연애 초기에서 벗어나면 사랑은 당연히 정직하라는 압력을 높인다. 1957년 상담 및 조언서 작가인 에른스트 아라누스는 결혼한 여성들에게 조언했다.

"당신의 생각과 느낌을 남편과 공유하지 마세요. 말을 너무 많이 하지 말고, 영리하게 예측한 후 당신이 할 말을 표현하세요."

여기에 더해 네 가지 행동을 강력하게 요구했다.

"부부 사이에는 네 가지를 잘 활용해야 해요. 감추기, 속이기, 부인하기, 왜곡하기."

오늘날에는 이런 조언을 상상조차 하지 못할 것이다. 그러나 솔직함을 지나치게 강조하는 시대 분위기 때문에 우리는 부부나 연인 사이에 지나치고 비현실적인 요구를 하고 있다. 그러므로 아라누스의 네 가지 행동 제안을 조금 활용하는 것은 의미가 있고 상대방에게 더 적은 상처를 주게 될 것이다.

> *작은 거짓말은 오랫동안 지속되는 동반자 관계를 좋게*
> *만들어주는 양념이다. 영리한 거짓말은 사랑의 일부다.*

오래된 부부나 연인을 보면 대부분 두 사람이 비난받지 않으려는 노력을 자연스럽게 한다. "그냥 술이 고파서 동료와 가볍게 맥주 한잔 마시려고"라고 솔직하게 털어놓는 대신 "자기야, 차가 많이 막히네"라고 말한다. 여성들이라면 이런 거짓말을 즐겨 한다.

"이 캐시미어 스웨터는 꽤 싼 거야."

이런 말은 대체로 이런 비난을 피하기 위해서다.

"이미 비슷한 스웨터가 여섯 벌이나 있잖아!"

왜 거짓말을 했는지 배우자에게 고백하려면 의심의 여지 없이 큰 용기가 필요하다. 특히 심각하고 상처를 주는 거짓말임이 분명할 때는 고백을 반드시 해야 한다. 그렇지 않으면 상대방에게 정신적 상처를 남길 수 있고 심지어 그 사람의 신체 건강도 해칠 수 있기 때문이다.

심리학자 한스 베르너 비쇼프는 정직을 양날의 칼로 생각한다.

"한편으로는 배우자들의 정직, 솔직함, 신뢰성은 관계의 중요한 부분으로 여겨진다. 다른 한편으로는 모든 생각이 말로 표현되면 모든 배우자는 견디지 못할 것이다."

그러나 어느 쪽이 좋은지 애매한 상황에서는 비쇼프도

정직을 옹호한다.

## 남성이 여성보다 거짓말을 더 많이 한다

막스 플랑크 인간 발달 연구소와 테크니온 이스라엘 공과대학은 피험자 44,050명을 대상으로 한 부정직에 관한 565개의 연구를 분석한 후 두 가지 결론을 내릴 수 있었다. 남성이 여성보다 더 자주 거짓말을 하고, 젊을수록 거짓말을 더 많이 한다는 것이다. 종합하면 실험에서 남성 42퍼센트와 여성 38퍼센트가 거짓말을 했다. 또 20대는 거짓말을 할 확률이 약 47퍼센트였지만, 60대는 36퍼센트에 불과했다.

런던 과학 박물관의 연구도 비슷한 결과를 보여준다. 이 연구는 남녀 3,000명에게 물었다. 그 결과 남성들은 일년에 평균 1,092회 거짓말을 했고, 여성들은 평균 728회만 거짓말을 했다. 거짓말을 한 후 남성은 70퍼센트만 양심의 가책을 느꼈고, 여성은 82퍼센트가 양심의 가책을 느꼈다.

남성이 여성보다 거짓말을 더 자주 하는 경향의 근원은 어린 시절의 경험에 있다. 미국 연구자들은 부모들이 딸 앞에서보다 아들 앞에서 거짓말을 더 뻔뻔하게 해서 오히려 아들들에게 거짓말을 가르치고 있다는 걸 알게 되었다. 이런 현상의 원인을 해명하는 과학적 설명은 아직 보고된 바

없다.

인정하자. 거짓말 없는 사랑은 불가능하다. 만약 당신에게 절대적 정직이 무엇보다도 중요하다면 당신은 오랫동안 지속되는 관계를 포기해야 할 것이다. 오래 지속되는 관계를 원한다면 거짓말을 받아들이는 법을 배워라. 수용할 만한 거짓말 경계를 서로 명확하고 확실하게 의논해야 한다. 그 밖에 무언가를 용서하고 잊어버리는 것도 안정된 관계를 유지하는 방법 중 하나다.

**여성의 거짓말 Top 10**
- **1위:** 모든 게 다 좋아. 나는 잘 지내.
- **2위:** 그게 어디 있는지 잘 모르겠네. 나는 건들지 않았어.
- **3위:** 비싼 거 아니야.
- **4위:** 술은 거의 안 마셨어.
- **5위:** 머리가 아파.
- **6위:** 세일 가격으로 샀어.
- **7위:** 이미 출발했어.
- **8위:** 이거 옛날부터 갖고 있던 거야.
- **9위:** 나는 아무것도 버리지 않아.
- **10위:** 이건 내가 늘 갖고 싶었던 거야.

**남성의 거짓말 Top 10**
- **1위:** 술은 거의 안 마셨어.
- **2위:** 모든 게 다 좋아. 나는 잘 지내.
- **3위:** 아무 연락도 안 받았는데.

- **4위:** 이건 그렇게 비싸지 않아.
- **5위:** 지금 가고 있어.
- **6위:** 차가 막히네.
- **7위:** 아니, 전혀 뚱뚱해 보이지 않아.
- **8위:** 전화벨 소리를 못 들었어.
- **9위:** 다이어트 했어?
- **10위:** 그게 내가 원했던 전부야.

## 거짓말의 영역은 넓다

지금까지 거짓말을 상세히 살펴보고 다양한 측면을 관찰했다. 앞에서 배웠듯이 거짓말은 단순히 한 종류만 있는 게 아니다. 거짓말의 스펙트럼은 매우 넓다. 다르게 말하면 거짓말의 종류는 다양하고 여러 가지 면을 갖고 있다. 이제 우리는 좋은 거짓말과 나쁜 거짓말을 구별할 수 있다. 특히 거짓말은 반드시 필요한 사회적 접착제라는 것도 알게 되었다. 이제 거짓말이 신체 언어에서 어떻게 드러나는지 살펴볼 차례다. 누군가가 거짓말을 할 때 우리는 어떻게 알아차릴까? 또한 상대방의 몸짓 언어는 거짓말에 숨어 있는 의도를 알려줄까? 어떤 신호들이 강력하고 어떤 신호들이 무해할까? 그리고 우리는 어떻게 이 신호들을 구분하는 법을 배울 수 있을까? 다음 장에서 이 질문들을 상세히 다루어보자.

## ☑ 직관 훈련하기

누가 거짓말을 하는지, 그리고 그 거짓말을 왜 하는지 알아차리고
싶다면 상대방의 몸짓 언어 외에 각자의 직관도 도움이 된다. 옆에
나오는 그림을 보라. 남자는 무슨 말을 하고 있을까? 여자는 무슨 생
각을 하고 있을까? 또 남자는 머릿속으로 무슨 생각을 하고 있을까?
여자는 어떤 대답을 할까? 두 사람은 이런 상황을 자주 겪을까? 당
신의 생각은 어떤가? 당신도 이 두 사람처럼 자세를 취해보라. 각각
어떤 기분이 드는가?

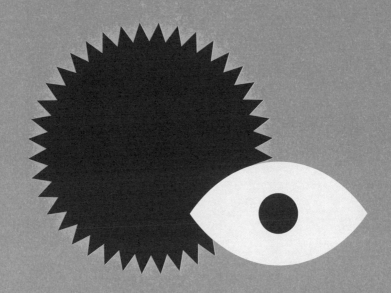

몸짓 언어는
거짓말을
하지 않는다

머리부터 발끝까지 우리 몸 전체는

우리가 하는 말에 담긴 진실을 폭로하는 신호를 보내고

그 신호를 읽을 수 있는 사람만이 그 의미를 알아차린다.

목소리와 말투도 이 신호에 포함된다.

가능한 한 많은 신호를 관찰하고

우리의 판단 속에 그 신호들을 추가하는 것이 중요하다.

# 머리부터 발끝까지
# 주목해야 할 비언어적 신호들

"인간은 입으로는 거짓말을 하지만,
이때 튀어나오는 표정은 진실을 말한다."

프리드리히 니체

2019년에 나는 아르테^ARTE 방송국의 연락을 받았다. "거짓말을 주제로 큰 다큐멘터리 한 편을 준비하고 있습니다. 몸짓 언어 전문가가 거짓말을 정말로 알아차릴 수 있는지 실험하려고 하는데 함께해주시면 좋겠습니다." '위험이 없으면 재미도 없다^No risk, no fun'는 생각에 나는 실험 참여 제안을 받아들였다. 피실험자 여섯 명과 시나리오 세 개가 준비되었다. 올바른 이력과 조작된 이력을 가진 지원자들과의 면담, 진짜 휴가와 가짜 휴가 이야기, 그리고 두 사람 중 한 사람은 원래 자신의 생각과 반대인 입장을 대표해 펼치는 찬반 토론. 나의 과제는 여섯 명의 참가자 가운데 누가 진실을 말하고 누가 거짓을 말하는지 알아채는 것이었다.

아쉬웠던 점은 제작진이 '거짓말쟁이들'과 미리 연습을 했다는 점이다. 그런 연습은 당연히 거짓말을 폭로하는 중요 신호의 감지를 어렵게 만든다. 자, 나는 몇 명의 거짓말쟁이를 알아차렸을까? 궁금하지 않은가? 정확히 모두 맞혔다. 미리 연습한 거짓말쟁이들을 어떻게 알아챘냐고? 거짓말을 폭로하는 신호는 하나만 있는 게 아니다. 거짓말할 때 느끼는 불편함을 알려주는 작고 세세한 신호들이 많다.

그렇다면 정말로 사람들은 상대방의 거짓말을 알아차릴 수 있을까? 답하기 쉽지 않은 질문이다. 우리는 다른 사람의 머릿속을 결코 보지 못하기 때문이다. 우리가 인지할 수 있는 것은 언어적, 비언어적 반응이다. 이런 신호들의 방대함과 제대로 된 분석 기술 덕분에 우리는 귀납적 추리를 할 수 있다. 그러나 늘 대단히 조심스럽게 분석해야 한다.

진실이 아닌 것의 흔적을 찾아 의미 있는 결론에 도달하기 위해서는 대화 상대방의 느낌과 욕구를 보는 눈을 훈련하는 게 중요하다. 우리는 상대방이 보내는 신호들을 알아채는 법을 배워야 한다. 몸짓 언어를 배우는 과정은 말을 배우는 과정과 비슷하다. 즉 먼저 어휘를 마구마구 닥치는 대로 외우고, 외운 단어들을 조합해 의미를 만든다. 그러나 걱정하지 마라. 몸짓 언어의 어휘를 학습하는 일은 외국어 어휘를 학습하는 일과 달리 대단히 재미있다. 몸짓 언어 학습을 통해 우리는 두 가지를 배우게 된다. 첫째, 상대방을 더 잘 인지하게 될 것이다. 둘째, 자신을 더 잘 성찰하고 거짓말을 해야 할 때 더 잘 통제할 수 있을 것이다. 그러나 당신은 그럴 일이 없을 것이다. 그렇지 않은가?

> 어떤 사람들은 타고난 연기자들이고 그들의 속내를 아는 일은 대단히 어렵다. 그러나 그들도 종종 작은 신호들을 누설한다.

## 모든 사람은 독특한 개별 존재다

흔히 "우리 몸은 1,000개 단어 이상을 말한다"고 한다. 자세, 몸짓, 표정, 말, 그리고 무의식적 반응들이 밖으로 표출되어 만들어내는 공동 작품이 그 사람이 진실 혹은 거짓을 말하는지를 누설한다. 그러나 이 누설을 알아차리기 위해서는 관찰력이 아주 좋아야 하고, 앞에서 말한 것처럼 관찰력은 훈련되어야 한다. 몸이 보여주는 많은 신호들은 강도와 속도가 천차만별인 다양한 작은 신호들로 구성된다. 우리는 이 중요한 누설 신호들을 파악하는 법을 배워야 한다. 이 신호들은 실제로 대단히 복잡하다. 모든 사람의 행동과 성격은 제각각이기 때문이다. 상대방의 평소 행동, 즉 기준선을 확인하는 방법은 3장에서 다루겠다.

나의 한 친구는 정신과 의사다. 그 친구는 자신의 직업을 열정적으로 설명할 때마다 계속해서 코를 만진다. 코에 손을 대는 행동은 흔히 거짓말을 드러내는 가장 대표적인 행동으로 통한다. 그러나 이런 통설은 터무니없는 주장일 뿐이다.

코를 만지는 내 친구의 행동은 단순한 개인적 특성, 말하자면 그의 기이한 버릇일 뿐이다. 그러므로 '사기꾼의 가면을 벗기는 신호들' 또는 '거짓말쟁이들만 하는 일들'과 같은 통설을 믿지 마라. 신호 하나만으로는 아무런 의미가 없다. 그 밖에도 사람의 내면 상태를 늘 고려해야 한다. 무언가 기대하지 않았던 것 또는 불편한 것을 대면하게 되면 스트레스 지수가 높아진다. 스트레스가 클수록 몸짓 언어가 보내는 신호도 커진다. 이처럼 어떤 사람이 활발해진 몸짓 언어를 보여준다고 해서 자동적으로 거짓말을 하고 있다는 걸 뜻하지는 않는다. 그러므로 우리는 평범한 행동, 스트레스 상황, 거짓말의 차이를 구분하는 법도 배워야 한다.

서론은 이만하면 충분하다. 이제 거짓말을 할 때 몸이 의식하지 못한 채 내보내는 신호들, 거짓말하는 사람을 알려주는 다양한 신호들의 흥미진진한 세계로 들어가보자.

연습

---

## ☑ 토크쇼 보기

'방송 다시 보기'로 토크쇼 하나를 시청해보라. 연방정부의 기자회 견이나 총리 후보 양자토론회 같은 게 좋다. 이때 무음으로 시청하라. 참가자들의 행동을 머리부터 발끝까지 관찰하라. 당신은 어떤 표정을 읽었는가? 앉은 자세 또는 서 있는 자세는 어떤가? 토론자들의 손짓은 어떤가? 여기서 당신은 어떤 감정을 느꼈는가? 그다음에는 같은 프로그램을 볼륨을 높여 정상적으로 다시 한번 보라. 당신은 누가 반대하고, 누가 찬성하는지, 그리고 누가 찬반에 크게 신경 쓰지 않는지를 알아차렸는가? 토론자를 지배하는 감정도 인지했는가? 이 방법은 관찰력을 다듬고 키우는 데 대단히 훌륭한 연습이다.

---

# 움직임의 양식:
## 모든 것을 통제한다고? 불가능하다

"몸짓 언어는 음성 언어와 비슷하지만 거짓말을 하지 않는다."

새미 몰초, 이스라엘 마임 아티스트

육체와 마음은 분리되지 않고 서로 연결되어 있다. 그러나 우리는 종종 육체적 감각을 통해 표현되는 감정을 먼저 인지한다. 또한 그 감정들은 말에도 반영되어 나타난다. 걱정이 있는 사람은 '어깨가 무겁고', 두려움을 느낄 때 '발이 차가워지며', 스트레스를 받으면 '소화가 되지 않을' 때도 있다. 어떤 사람은 놀라면 '심장이 멎는 듯한' 느낌을 받는다. 모든 생각은 감정을 생성하고 그 감정은 몸짓 언어에 영향을 준다. 몸이 취하는 자세 또한 특정한 감정을 생성하므로, 그렇게 늘 닫혀 있으면서 서로를 제어하는 순환 구조가 생겨난다. 이렇게 몸짓 언어와 생각이 하나가 된다.

낙담과 실의에 빠진 사람의 태도를 관찰해보자. 여기서 우리는 감정 상태가 몸으로 직접 표출되는 방식을 아주 구체적으로 볼 수 있다. 낙담한 사람은 단조로운 톤으로 조용히 떠듬거리며 말한다. 그의 전체 움직임은 점점 느려지고 표정은 돌처럼 굳어지면서 몸은 움츠러든다. 상대방과 시선을 맞추지 못한 채 두리번거리거나 땅을 쳐다보기도 한다. 그의 에너지원은 고갈되었고 그의 생활은 마치 꺼져가는 불꽃과 같다.

여기서 기본 원칙이 발견된다. 즉 우리는 생각하는 것을 밖으로 발산한다.

## 무의식적으로 보이는 반응들

2009년 스위스의 정신과 의사이자 심리치료사인 사무엘 파이퍼는 학술지 〈정신신체의학〉에서 몸과 정신의 관계를 이렇게 설명했다.

"현대의 뇌 연구는 모든 생각과 감정이 신경세포들로 구성된 신경그물망 전체를 활성화한다는 것을 보여주었다. 우리 뇌에는 약 100억 개가 넘는 신경세포가 있다. (……) 모든 신경 자극은 시냅스에서 화학 전달 물질, 즉 호르몬을 방출시키고, 이 호르몬은 새로운 신경 자극을 만든다. 이처럼 생각이나 감정도 화학적 과정이다."

요약하면 감정도 호르몬을 분비한다. 감정 때문에 분비된 호르몬은 자율신경계를 통해 근육, 혈액 순환, 분비샘, 혈관, 신체 장기에 다시 영향을 미친다. 우리는 이 작용을 막을 수 없다. 어떤 상황에서는 자율신경계가 생존에 필요한 투쟁—도피 반응을 활성화한다. 말하자면 위험 상황에서 신속하게 몸과 정신을 적응시키는 것이다. 이런 반응은 대부분 스트레스 신호를 통해 표현되는데 거짓말을 할 때도 스트레스 신호가 나타날 수 있다. 왜 그럴까? 자율신경계는 생명을 위협하는 상황과 거짓말이 발각될까 긴장하는 상황을 구별하지 못하기 때문이다. 자율신경계는 늘 그렇게 반응한다.

내면에서 진실과 싸우면서 거짓말을 하는 사람은 갑자기 평소보다 더 잘 보이고 더 잘 들린다. 그의 심장은 더 빨리 뛴다. 팔과 다리에는 피가 마구 돈다. 입은 바짝 마른다. 혈압은 오르거나 내린다. 호흡은 바뀐다. 이 모든 반응은 의지로 통제할 수 있는 게 아니다. 그러나 그 신호들은 미세하다. 그렇다면 우리는 어디에 주의해야 할까?

### 고구마 먹은 것 같은 느낌

궁지에 몰린 느낌을 받으면 투쟁—도피 반응이 활성화

된다. 투쟁─도피 모드로 들어간 몸은 침을 적게 생산한다. 당연한 변화다. 싸움을 하거나 도주할 때는 소화를 할 겨를이 없기 때문이다. 침이 적게 나오면 음식 삼키기가 힘들어진다. 만약 그런 사람을 눈앞에서 보게 된다면 마치 삼키지 못하는 고구마를 입안에 갖고 있는 것 같을 것이다. 당신도 분명히 이런 경험을 직접 해봤을 것이다. 연설을 해야 하거나 어려운 상황을 극복해야 할 때 입이 마르고 목이 메어 말하기가 어려웠던 경우가 있었을 것이다.

**목이 잠긴다**

거짓말이 일으키는 또 다른 작용은 헛기침이다. 대답하기 전에 헛기침을 하는 사람은 대답을 주저하기 위해 그럴 수 있다. 그 사람은 말하고자 하는 내용을 생각하고 짜 맞출 시간이 아직 조금 더 필요한 것이다. 대답 후에 하는 헛기침은 상관이 없다. 이 신호는 남성의 목젖 때문에 더 잘 인지될 수 있다. 누군가가 기침을 한다면 대답을 아직 '작업 중'이라는 뜻이다.

**턱 운동**

몇몇 거짓말쟁이들은 규칙적으로 턱 운동을 한다. 그들은 입을 벌려 턱과 입을 앞뒤와 위아래로 움직이고, 턱과 입으로 원을 그리기도 한다. 작고 미세한 운동이다. 이런 근육 운동은 입 뒤쪽의 침샘을 자극하고 구강이 촉촉해지도록 해준다. 그 덕분에 다시 쉽게 말하고 침을 삼킬 수 있게 된다.

### 홍조를 띠거나 창백해지거나

한 여직원이 업무 시간에 데이팅 앱 틴더에서 채팅을 하다가 동료에게 들켰다. 동료가 물었다.

"아니, 인생의 반려자를 스마트폰으로 찾아요?"

그녀는 재빨리 강하게 아니라고 대답했다. 하지만 너무 늦었다. 그녀의 얼굴과 목덜미의 홍조가 그녀의 속마음을 폭로했다. 얼굴의 홍조는 부끄러움을 불러오는 거짓말에서 종종 나타난다. 특히 젊은 사람과 여성들에게 자주 나타난다.

### 호흡의 변화

막스는 매달 용돈으로 50유로를 받는다. 하루는 막스가 깜빡하고 교실 책상 위에 그 돈을 두고 왔다. 다시 돌아와 보니 50유로는 이미 사라졌다. 선생님은 도둑을 잡고 싶었다. 선생님은 학급 아이들을 한 명씩 면담했다. 루카스는 편안하게 호흡했고, 알리나는 더 빠르게 호흡했으며, 파울만이 즉각 대답을 하기 전에 숨을 멈추었다.

"제가 돈을 훔쳤다고요? 당연히 아니죠! 진짜 아니에

요."

도둑은 파울이었다. 파울은 대답하기 전에 숨을 멈추 었고, 그다음에 두 번의 부정이 포함된 질문을 던졌다. 세 가지 신호가 순식간에 나왔다. 거짓말을 폭로하는 대단히 눈에 띄는 신호다. 거짓말쟁이는 종종 숨이 차는데 거짓말 을 할 때 심장 박동과 혈액 순환이 변화하기 때문이다.

### 식은땀

궁지에 몰린 느낌을 받으면 신경은 날카로워지고 불안 을 느낀다. 그 결과 땀이 나기 시작한다. 상대방의 이마 혹 은 윗입술에 맺히는 작은 땀방울을 주목하라. 그러나 여름 의 더운 날씨 때문에 생긴 땀인지, 아니면 상대방이 전체적 으로 긴장된 상황에 놓여 있는지를 고려해야 한다.

### 동공의 크기

상대방의 동공을 깊이 들여다보라. 동공이 커지면 거짓 말의 증거일 수도 있다. 그러나 주의하라. 늦은 저녁, 당신 과 함께 있는 상대방의 커진 동공은 아마도 거짓말의 신호 가 아닌 관심의 표시일 것이다. 그러므로 우리는 신호들을 언제나 맥락 속에서 판단해야 한다. 동공은 여러 가지를 표 현하므로 동공이 보내는 의미를 세분화할 필요가 있다. 이 와 관련해 더 자세히 살펴보자.

동공의 크기는 빛과 관련이 깊다. 태양을 보면 동공은 작아지고, 그림자를 보거나 어두운 곳에 있으면 동공은 커진다. 광자라고 부르는 빛의 입자 때문에 생기는 현상이다. 동공의 크기는 심리적 요소의 영향도 받는다. 동공을 책임지는 근육은 자율신경계의 일부인 교감신경을 통해 뇌의 감정 센터인 변연계와 간접적으로 연결된다. 이처럼 빛의 강도와는 무관한 동공의 반응도 존재한다.

동공이 커지면 관심과 기쁨의 표시일 수도 있지만 두려움, 흥분, 놀람의 신호일 수도 있다. 그럴 때 흔히 '놀란 토끼 눈'이라고 말한다. 어떤 상황이 부정적으로 판단될 때, 혹은 감당하기 힘들거나 흥미가 없을 때는 동공을 담당하는 근육은 이완되고 동공은 작아진다.

얀 빌렘 데 게, 토마스 크나펜, 토비아스 도너는 동공의 크기로 어떤 사람의 결정을 예측할 수 있다는 것을 밝혀냈다. "예"라고 대답할 때 동공은 커지고, "아니요"라고 대답할 때는 동공이 작아진다는 것이다.

진실을 밝히는 데 이 새로운 지식을 어떻게 활용할 수 있을까? "거짓말했어?"라고 물어보자. 상대방이 "아니"라고 대답하면서 동공이 커진다면 강하게 더 캐물어야 한다.

**눈 깜박임**

이외에도 또 다른 지표를 찾고 싶다면 눈 깜박임에 주

목해보자. 진실이 아닌 말을 할 때 눈을 네 배, 심지어 다섯 배 더 깜박인다는 사실이 많은 연구에서 확인되었다. 그러나 거짓말을 하는 동안 눈 깜박임이 더 느려질 수 있다는 것도 틀림없는 사실이다. 이렇듯 거짓말을 파악하는 데 눈 깜박임의 수는 큰 의미가 없다. 기본적으로 상대방의 눈 깜박이는 방식에 주의해야 한다. 대답하는 동안 눈 깜박임의 빈도가 달라지고, 대답을 한 후 다시 정상 상태로 돌아오면 당신은 상대방을 조심해야 한다.

한편 우리는 깨어 있을 때 보통 1분에 10~15회 정도 눈을 깜박인다.

### 실어증 환자의 매의 눈

실어증은 뇌 손상 때문에 생기는 후천성 언어 장애다. 실어증에 걸리면 사용하는 문장의 길이가 대단히 짧아지거나 언어의 일반적 이해와 사용에 어려움을 겪는다.

신경학자 올리버 색스는 자신의 책에서 실어증 환자 두 명의 흥미로운 일화를 들려준다. 두 환자는 텔레비전 앞에 앉아서 당시 미국 대통령 로널드 레이건의 연설을 보고 있었다.

"두 사람은 배우이자 잘 훈련된 연설가인 이 매력 넘치는 노년의 남자를 텔레비전으로 보았다. 대통령의 공연적 재능과 넘치는 감정이 화면에 잘 드러났다. 그런데 환자들은 배꼽이 빠지도록 웃었다. (……) 레이건 대통령은 흔히 인상적인 연설가로 인정받았다. 그러나 그의 연설은 실어증 환자들에게 웃음만 불러오는 게 분명했다. (……) 실어증 환자들은 억지로 찡그린 얼굴, 잘못되었거나 바르지 않은 행동이나 태도에 엄청나게 민감하게 반응한다. (……) 대통령의 찡그린 얼굴, 연극 같은 모습, 몸짓, 목소리, 음정이 말은 잃어버렸지만 대단히 민감한 실어증 환자들에게는 가짜로 보였다. 그들은 이 놀라운, 어쩌면 괴기스러운 모순에 반응했던 것이다. 두 명의 실어증 환자는 말에 속을 수 없었고, 속지 않았다. 그래서 그들은 대통령의 연설에 박장대소했다."

## 말과 몸짓이 다를 때

우리는 언행일치를 말과 비언어적 요소 사이의 일치로 이해한다. 당신은 남편의 일터로 갑자기 찾아가 남편을 놀라게 한다. 당신을 본 남편은 환한 표정을 짓고 팔을 활짝 펼치면서 말한다.

"이런 깜짝 방문, 너무 좋아."

이런 것을 우리는 언행일치라고 부른다. 그의 행동은 말과 일치한다.

### 말과 몸짓 언어 사이의 모순

불편함을 느끼는 상황에서 사람들은 종종 말과 일치하지 않는 행동을 보여준다. 그들의 몸짓 언어가 그들의 말과 맞지 않는 것이다. 왜 이런 불일치가 생길까? 우리 인간에게는 몸짓 언어를 통제하는 일이 말을 통제하는 일보다 훨씬 어렵기 때문이다. 우리 사회에서 말은 힘이 있다. 거짓말쟁이들은 이 사실만 정확히 알고 있다. 그래서 거짓말쟁이들은 잘못 말하지 않으려고 주의를 기울이고 종종 자신이 할 이야기를 아주 잘 외워둔다. 거짓말쟁이들은 말의 내용으로 확신을 주려고 노력한다. 거짓말이 중요할수록 거짓말쟁이들은 자신이 하는 말의 내용에 더 집중할 것이고, 자동적으로 자신의 몸짓 언어는 염두에 두지 못할 것이다. 그럴 때 나오게 되는 반복된 언행 불일치는 거짓 이야기의 명백한 증거가 될 수 있다.

> 말과 몸짓 언어 사이의 불일치가 보인다면 몸짓 언어를 믿어라. 몸을 지속적으로 통제하는 일은 불가능하기 때문이다.

당신은 지금 제품 구매 협상을 하는 중이고 제품의 단점을 예상하고 찾으려 한다. 상대방이 말한다.

"절 믿으세요. 그게 가장 안전한 길입니다. 우리 제품은 단점도 없고 비교할 만한 제품도 없습니다."

이 말을 하는 동시에 상대방은 양복 상의에서 있지도 않은 보푸라기를 떼어내고 있다.

누군가는 손가락 깍지를 끼면서 이렇게 말한다.

"내 마음은 모두에게 열려 있습니다."

이처럼 몸은 말과 다른 무언가를 알려준다. 말과 몸짓 언어 중에서 무엇이 진실을 말할까? 당연히 몸짓 언어다.

그러나 여기서도 다시 주의할 필요가 있다. 어떤 사람이 단지 언행의 불일치를 보여주었다고 해서 거짓말을 하고 있다는 의미는 아니다. 언행의 불일치는 내면의 갈등으로 생길 수도 있고, 그럴 때 언행의 불일치는 속임수라기보다는 망설임의 표현이다. 보통 경험 많은 사기꾼들은 자신의 행동을 잘 통제한다. 그러나 언젠가는 언행의 불일치가 흘러나오게 되어 있다. 당신은 그 순간을 알아채야 한다.

### 비언어적 신호는 늦게 나타난다

말을 한 후 비언어적 반응이 약간의 시차를 두고 생겨나면 그것은 거짓말의 또 다른 증거가 될 수 있다. 애인에게 선물을 준다고 상상해보라. 당신은 깊이 고민해서 세심하게 선물을 골랐고, 사랑하는 사람에게 큰 놀라움을 안겨줄 수 있다는 기대에 부풀어 있다. 선물을 받은 애인은 아주 큰 기쁨 속에서 선물을 개봉한 후 "너무 멋진 선물이야"라고 말하지만 곧바로 애인의 눈과 턱이 아래로 떨어진다. 비언어적 표현이 언어적 반응 이후에 나왔다. 이건 명백하다. 당신의 깜짝 선물에 보인 애인의 기쁨은 진짜가 아니다.

## 즉각적인 분노가 주는 신뢰

몇 년 전에 나는 조카딸이 타고 다닐 베스파 스쿠터를 찾고 있었다. 나는 오토바이 매장에 가서 베스파가 정말로 사고가 잘 안 나는지 꼼꼼하게 따져 물었다. 베스파 판매 업자로서 명예에 상처를 받았다고 생각한 판매자는 정말 머리부터 발끝까지 분노를 보여주었다. 진지한 표정을 보니 판매자의 몸 안에서 긴장이 상승하는 걸 느꼈다. 그다음에 판매자는 한 손으로 주먹을 꽉 쥔 채 다른 손을 거칠게 흔들면서 도덕적 설교를 하기 시작했다. 나는 그 사람에게 신뢰가 갔다. 만약 그의 육체적 분노가 말을 하고 난 다음에 드러났다면 나는 의심했을 것이다. 실제로 그때 구매한 베스파는 지금도 잘 달리고 있다.

## 포커페이스의 효과

우리는 모두 배우다. 하지만 과장된 연기는 하지 말자. 그런데 진짜 사기꾼들은 과장하기를 좋아하고 자신의 역할을 특별히 잘해내려고 노력한다. 그들은 과장된 모습으로 상대방을 설득하려고 하지만 오히려 신뢰가 뒤집히곤 한다. 자신의 거짓말이 들키면 그들은 과도하게 슬퍼하거나, 아니면 엄청나게 화가 난 것처럼 행동하거나, 혹은 모든 것을 극단적으로 우습게 만들어버린다. 어떤 경우든 그들의 행동은 과장된 모습을 보인다. 어떤 사람들은 창끝을 다른 사람에게 돌려 책임을 전가하려고도 한다.

포커 선수들은 이와 정반대의 모습을 보인다. 포커 선수들은 몸짓 언어가 감정을 폭로하는 투과성이 있다는 것을 안다. 진실이 아닌 것을 말할 때 포커 선수들은 얼음덩어리로 변모한다. 그들은 자신들의 생각과 느낌을 하나도 드러내지 않으려고 완전히 마비 상태가 된다. 다음 이야기를 보자.

2019년 페이스북 CEO 마크 저커버그는 케임브리지 애널리티카 정보 유출 사건 때문에 미국 의회 청문회에 출석했다. 저커버그는 자신이 뛰어난 쇼 출연자도 아니고 수백만 명이 청문회를 보게 될 것을 잘 알고 있었다. 그래서 저커버그는 자문단을 만들어 그들과 함께 청문회에 등장하는 모습을 연습했다. 저커버그의 선택은 충격, 소름, 놀라움 쇼의 정반대였는데, 그는 얼어붙은 꼭두각시 인형처럼 보였다. 그러나 사람들은 저커버그에게 아무런 책임도 묻지 못했다. 그가 아무런 신체적 반응을 보이지 않았기 때문이다. 저커버그의 승리였다.

저커버그는 청문회 대신 포커판에서도 잘 앉아 있는 데 성공했을 것이다. 포커 선수들은 블러핑^bluffing(자신의 패가 더 좋지 않을 때 상대방을 기권시키려고 오히려 강한 베팅 등을 하는 전략이다―옮긴이)을 한다. 그러나 몸짓 언어의 작은 신호들이 이 허풍을 누설할 수 있다. 저커버그는 불편한 질문을 받을 때도 블러핑의 증거가 될 수 있는 누설 신호를 거의 보내지 않았다.

## 힌트가 되는 모순들

상대방이 대단히 설득력 있어 보이는 이야기를 할 때 종종 나의 내면에서 무슨 말하는 소리가 들린다.

'뭔가 맞지 않아.'

당신도 분명 경험이 있을 것이다. 이런 직감은 정말 맞다. 당신이 무의식적으로 인지한 것은 설명하는 사람의 '기울어진' 혹은 비대칭적인 표정이었다. 웃을 때를 생각해보라. 진심이 담긴 웃음에서는 얼굴 전체가 대칭적으로 활짝 펴진다. 비록 해부학적으로는 모든 얼굴이 비대칭이지만 말이다.

> 모든 얼굴은 비대칭이다. 나이가 들수록 얼굴의 비대칭은 더 심해진다. 얼굴에는 살아온 인생이 반영된다. 멋진 일이다.

### 비대칭

표정은 감정을 연기할 때 비대칭이 된다. 비대칭을 이루는 표정은 모순적이다. 거짓 웃음에서 그런 모습이 대단히 분명하게 나타난다. 심리학자 폴 에크먼과 그의 동료 월리스 프리슨, 모린 오설리번은 한 연구에서 거짓말을 하는 사람도 종종 진실한 사람처럼 웃는다는 걸 확인해주었다. 그러나 거짓말을 하는 사람이 더 자주 비대칭적 미소를 보여주고, 특히 다른 감정을 감추어야 할 때 큰 소리로 웃는다. 예를 들면 죄의식, 분노, 두려움은 종종 미소라는 마스크로 은폐된다.

이런 감정들은 수평으로 본 얼굴에서 드러날 수 있다. 입은 미소를 띠고 있지만 눈은 그렇지 않다는 뜻이다. 또는 수직으로 본 얼굴에서도 드러날 수 있다. 즉 얼굴의 절반은 웃고 있지만 다른 쪽은 두려움, 분노, 부끄러움과 같은 감정을 표현한다.

다음의 두 그림이 보여주는 효과를 통해 이 모습을 구체적으로 살펴보자. 우선 각각의 그림을 표시된 부분에 맞춰 절반씩 종이로 덮은 후 절반의 얼굴이 어떤 효과를 내는지 살펴보자. 그다음 덮었던 종이를 치우고 얼굴 전체를 본다. 지금은 어떤 인상을 받았는가?

당신은 그림 ①에서 얼굴의 절반은 웃고 있지만 다른 쪽은 억눌린 분노가 나타나는 것을 확실하게 알 수 있다. 그림 ①에서 웃고 있지 않은 절반의 얼굴에는 긴장, 걱정, 혐오 같은 감정이 보일 수도 있다. 그림 ①의 윗부분과 아랫부분을 비교하면 눈은 함께 웃지 않는다. 웃을 때 나타나는 전형적인 눈주름이 없기 때문이다. 또한 그림 ②에서는 내려온 눈썹과 앞으로 나오는 눈물주머니(눈시울 부근)를 보고 솔직한 웃음인지 아닌지를 알 수 있다. 충격적으로 들리겠지만 맞는 말이다. 웃음 주름은 늘 긍정적 효과를 낳는 유일한 주름이다.

### 진실한 미소란?

프랑스 과학자 기욤 벵자맹 뒤시엔은 진실한 미소와 만들어진 미소를 구별했다. 진실한 미소를 지을 때는 눈도 함께 웃지만, 가짜 미소에서는 입꼬리만 올라갈 뿐이다. 미소는 특정한 자극으로 일어나는 무의식적이고 보편적인 반응이다. 오랫동안 '뒤시엔 미소'라고도 불리는 진짜 미소는 조작될 수 없다고 여겨졌다. 이 믿음은 심리학자 미카엘라 리디거의 연구에서 반박되었다. 인간들은 친절함을 느끼거나 당혹감을 느낄 때도 '진짜' 미소를 짓는다. 진실한 미소 또한 완전히 비대칭일 수 있다. 점점 더 부드럽게 천천히 번져서 정점에 도달하는 것이 진심에서 나온 진짜 미소라는 구체적인 증거다. 그리고 자연스러운 미소는 정직하지 않은 '불꽃 미소'와 달리 다시 부드럽게 사라진다.

## 감정의 다양한 변화

아이들은 아직 거짓말에 능숙하지 못하다. 그럼에도 아이들 또한 여러 가지 조작을 시도해 본다. 예를 들어 어떤 일에서 빠져나오기를 원할 때 아이들은 자신의 감정들을 점검하면서 부모에게 가장 큰 영향을 줄 수 있는 감정에 주의를 기울인다. 부모는 아이에게서 종종 감정의 냉탕과 온탕을 경험한다. 아이들의 공격적인 부인은 간청으로 바뀌고 비통한 울음으로까지 이어지기도 한다. 어른들도 이런 감정들을 이용하지만 덜 두드러질 뿐이다. 여기서 나오는 사실 하나. 진실을 말하는 인간은 상대적으로 감정이 안정되어 있다. 전직 경찰이자 신문訊問 전문가였던 크리스토퍼 딜링햄은 거짓말을 습관처럼 하는 사람들은 솔직한 사람들보다 감정과 감정 상태를 훨씬 더 자주 바꾼다는 사실을 확인했다.

## 적응 반응: "좀 편안해지고 싶어"

몸짓 중에는 자신의 몸과 관련이 있는 것이 있고, 자신의 몸과 거리를 두는 것도 있다. 우리는 몸과 관련이 있는 몸짓으로 기분과 감정을 표현한다. 화가 나면 주먹을 쥔다. 긴장할 때는 손가락이 떨린다. 불안할 때는 손가락이나 팔뚝을 잡는다. 몸과 관련된 몸짓은 속임수를 쓸 때 더 자주 등장한다. 이런 몸짓들은 자신의 긴장이나 흥분을 유도하거나 증가시키는 역할을 한다. 여기에는 자기 몸을 보호하고 방어하는 몸짓이나 조작하는 몸짓도 포함된다. 이런 적응 반응들은 자신을 편안하게 하려는 목적이 있는 소위 자기 안정화 신호들이다. 우리는 적응 반응들을 무의식적으로 하는 경향이 있다. 적응 반응들은 스트레스가 많은 경험에서 흔하게 발견될 수 있다. 그리고 신문을 받는 일은 언제나 스트레스다.

기자의 불편한 질문에 응답해야 하는 정치인을 생각해보라. 또는 계약 체결의 마지막 단계에서 맞이하는 치열한 협상을 생각해보라. 감사위원회 앞에서 자신을 변호해야 하는 CEO나, 의사에게 자신의 '잘못'에 대해 상세하게 질문을 받는 환자를 생각해보라. 이런 상황에 처한 사람은 자신의 옷을 잡아당기거나 문지르며, 목을 긁거나 머리를 쓸어내리고, 엄지와 검지를 서로 비비기도 한다. 어떤 몸짓은 눈에 잘 띄고, 또 어떤 동작은 대단히 미세하다. 자신을 만지려는 충동은 강한 긴장감과 신경과민에서 나온다. 그런데 이런 몸짓을 의식하고 그 충동을 의식적으로 누르려고 노력하는 사람들이 있다. 정치인, CEO, 대중의 주목을 받는 사람들은 자기 몸과 관련된 이런 동작들이 자신의 속마음이나 거짓을 폭로하는 작용을 한다는 걸 이미 알고 있고, 가능한 한 이런 몸짓을 하지 않는 법을 배웠다.

> 권력자들은 포커페이스를 사랑한다. 그들은 그냥 앉아서 아무런 표정도 짓지 않은 채 상대방의 말을 경청한다. 이런 모습은 상대방을 불안하게 하는 동시에 자신의 불안을 은폐한다.

푸틴, 에르도안, 시진핑처럼 권력의 힘을 잘 알고 있는 정치인들을 생각해보라. 비판적 상황에서 그들은 아무런 표정도 짓지 않으려고 노력한다. 그러나 사람들은 그들이 어떤 질문에도 대답하지 않으려고 할 때 이미 상황을 알아차릴 수 있다. 그런 상황에 처할 때 그들은 종종 마비 상태에 도달하는데, 마비 상태란 거의 움직임이 없는 상태를 뜻한다. 굳어버린 표정이 마비 상태를 확연히 드러낸다. 이 마비 상태는 뉴스 인터뷰에 나온 정치인들, 특히 기자 회견장이나 토크쇼에 나온 대변인들의 모습에서 종종 볼 수 있다.

다음에 지위가 높은 인물의 인터뷰를 보게 되면 그 사람의 얼굴에 초점을 맞추고 인터뷰를 시청해보라. 질문을 듣고 그 사람의 얼굴에 나타나는 반응을 살펴보라. 만들어진 포커페이스가 드러난다면 그 사람은 신뢰하지 않는 게 좋다.

### 거짓말 누설 지점 Top 4

거짓말을 할 때 비언어적 궤도 이탈 혹은 누설이라고 부르는, 진실이 새어 나오는 지점들이 늘 있다. 누구도 자신의 몸짓 언어를 완전히 통제하지 못하기 때문이다. 여기서 사람들이 통제하기 가장 어려운 네 가지를 소개한다.

- **1위 미세표정:** 몇 초밖에 지속되지 않는 순간적인 표정이다 (136쪽의 '미세표정'을 참고하라). 폴 에크먼은 미세표정과 관련된 일곱 가지 보편 감정을 제시했다. 역겨움, 분노, 공포, 슬픔, 기쁨, 놀람, 경멸이 그것이다(140쪽의 '일곱 가지 기본 감정'을 보라).
- **2위 목소리:** 생각이 말로 정리될 때 우리는 먼저 목소리를 들은 후 그다음에 말을 듣게 된다. 말을 하면서 뭔가 잘못되었다고 느끼는 건 이미 너무 늦었을 수 있다. 듣는 사람은 말을 듣기 전에 이미 궤도에서 벗어난 것을 목소리를 통해 알 수도 있기 때문이다. 궤도에서 벗어난 목소리의 전형은 높아진 목소리 혹은 쉰 목소리다.
- **3위 몸짓 언어:** 거짓말을 할 때는 인지적인 집중력이 높아지면서 몸짓 언어를 지속적으로 통제하는 일이 더욱 어려워진다. 전직 FBI 요원 조 내버로에 따르면, 특히 손과 발과 같은 말초 부위의 통제를 유지하는 일이 가장 힘들다(111쪽의 '다

양한 손짓의 세계'를 참고하라).

- **4위 거시표정:** 의도적으로 만든 얼굴 표정이나 웃음, 연출된 슬픔이나 분노를 말한다. 우리는 원하는 대로 감정을 연출할 수 있다. 그러나 연출에서도 늘 이탈은 존재한다. 재빨리 사라지는 웃음, 너무 빨리 바뀌거나 너무 오래 지속되거나 혹은 지나치게 과장된 얼굴 표정들이 여기에 속한다.

## 맥락을 늘 염두에 두기

한 사람의 몸짓 언어를 제대로 해석하려면 맥락도 늘 함께 관찰해야 한다. 움직임의 이유, 대화 상대방과의 관계, 공간, 그날의 상태, 대화 이전의 움직임, 문화의 차이, 지위에 따른 행동 등을 고려해야 한다.

학교 앞에서 한 여성 교사가 어떤 아이의 아빠와 깊이 포옹하는 장면을 가정해보자. 포옹하면서 이 교사는 남자의 어깨에 머리를 기댄다. 지금 당신은 어떤 생각을 하는가? '아하, 마이어 선생님과 뮐러 씨는 아주 가까운 사이구나', 심지어는 '아하, 둘 사이에 뭔가 있군!' 하고 생각할지 모른다. 사실은 뮐러 씨가 마이어 선생님을 진심으로 위로하고 있었다. 마이어 선생님의 어머니가 중병에 걸려 병원에 입원했기 때문이다.

이런 상황도 한번 상상해보라. 당신은 고객과 면담 중

이다. 갑자기 당신이 하품을 하고 기지개를 켠다. 당신의 고객은 무슨 생각을 할까? 아마도 고객은 자신의 제안을 당신이 지루하다고 여기거나 그 회의가 너무 길었다고 생각할 수 있다. 사실 당신은 방금 장거리 비행을 마쳤고, 단지 시차 장애와 싸우고 있을 뿐이었다.

이와 같이 비언어적 행동을 제대로 해석하려면 맥락을 관심 밖에 두어서는 안 된다. 몸짓 언어의 이해와 읽기는 맥락을 포함할 때만 가능하다. 웃음은 기쁨일 수도 있고, 불안 혹은 걱정의 표현일 수도 있다. 팔짱을 끼는 것은 무관심, 거절, 물러섬 혹은 '정신집중'을 의미할 수 있으며, 단순히 추위를 뜻할 수도 있다. 그러므로 몸짓 언어를 제대로 해석하려면 다양한 실마리들을 모아야 한다. 문화적 차이 또한 잊지 말고 고려해야 할 맥락이다.

그러니까 우리는 명심해야 한다. 몸짓 언어는 사회적 혹은 직업적 기준들, 문화적 관습, 성별, 대화 상대방의 기대 등과 깊은 관련이 있다. 그렇게 당신은 엄마로서 아이들을 대할 때와 매달 친구 모임에서 프로세코 와인을 즐겁게 마실 때 다르게 행동할 것이다. 동등한 동료와 대화할 때와 상사와 대화할 때 다르게 말할 것이다. 교회에 있을 때와 폭죽을 터뜨리는 새해맞이 행사에 있을 때 다르게 행동할 것이다. 당신의 몸짓 언어도 이처럼 각각의 상황에 맞게 적응한다.

## 클러스터와 시간

클러스터<sup>cluster</sup>는 정보의 꾸러미, 정보의 무리, 다양한 정보의 뭉치를 말한다. 무고한 사람을 단죄하지 않기 위해 나는 끊임없이 반복해서 강조한다. 개별 신호 하나는 의미가 거의 없다. 단어 하나에서 문장 전체의 내용을 유추할수 없는 것과 마찬가지다. 깊은 의미를 갖기 위해서는 신호들이 더 자주 등장하거나 다른 신호들과 조합되어 나타나야 한다. 누가 잠시 입에 손을 댔다고 해서 그 사람이 무언가를 숨기며 밝히고 싶지 않다는 뜻은 아니다. 이외에도 언제나 사람 전체를 관찰해야 한다. 당신 자신이 늘 상대방의 행동에 어떤 영향을 주고 있다는 사실도 잊어서는 안된다. 당신의 행동이 상대방이 특별하게 행동하는 원인일수도 있다.

믿을 만한 진술을 얻기 위해서 당신은 정보 모음과 더많은 비언어적 신호들을 종합해 인지해야 한다. 예를 들어당신은 상대방의 모습을 보고 거절을 알아차릴 수 있다. 거절하는 사람은 양 눈썹을 내리고, 계속해서 눈 마주치기를 피하며, 고개를 살짝 돌리고, 상체를 비스듬히 둔 채 긴장된 표정을 짓는다(그림 ①). 또한 가볍게 고개를 젓고, 거리를 더 두면서 팔로 장벽을 만들고, 의자 끝에 걸쳐 앉고, 초조하게 무릎을 두드리거나, 발끝이 출구를 향한 사람은

거절의 뜻을 보여준다. 그는 이미 도망갈 준비가 되어 있다.

CIA 비밀요원이었던 수전 카르니세로는 거짓말을 알려주는 신호를 인지했을 때의 시간도 주의하라고 충고한다. 구체적으로 말하면 당신이 질문을 던졌을 때 첫 번째 발설 신호는 말이든 비언어적 신호든 상관없이 5초 안에 나와야 한다. 그다음에 당신은 더 많은 추가 신호들을 인지할 수 있을 것이다. 5초보다 훨씬 시간이 지난 후 하나의 신호만 인지했다면 그 신호는 무시하라. 이럴 때는 또 다른 질문이

---

나 자극으로 새롭게 시도하라. 새로운 시도에서도 다시 5초에 주의해야 한다. 거짓말을 폭로하는 신호들을 인지했다고 해서 지금 당신이 들은 말이 거짓이라는 뜻은 아니다. 그 신호는 더 깊이 파고드는 것이 의미 있을 수 있다는 것을 알려주는 첫 번째 실마리다.

> 비언어적 신호들을 모아라! 신호들이 동시에 일어나는 게 중요하다. 거짓을 발설하는 여러 가지 신호들을 모으고, 필요할 때 그 신호들로 전체적인 그림을 만들어라.

당신이 면접관으로 참여하는 입사 면접 상황을 상상해 보라. 면접은 순조롭게 진행되었고 당신은 지원자에게 확신이 거의 생겼다. 그러나 더욱 확실하게 하고 싶었다. 당신은 유도 질문을 하나 던졌다.

"회사가 당신에 대해 알아야 하는 것 혹은 우리에게 생길 수 있는 걱정거리 중에서 아직 내가 묻지 않은 게 있습니까?"

처음 5초 동안 지원자는 불안하게 의자 위에서 몸을 들썩이다가 당신에게 되물었다.

"질문의 의미를 잘 모르겠습니다. 무슨 뜻이죠?"

여기서 당신은 지원자를 좀 더 자세히 알아봐야 한다고 추동하는 두 가지 신호를 받았다. 의자 위에서 들썩거리기와 주저하면서 던지는 질문.

당신은 딸이 시험공부를 제대로 했는지 알고 싶다. 당신은 말한다.

"모레 시험 치지? 얼마나……."

"엄마는 또 물어봐!"

딸이 짜증을 내면서 대답한다. 당신은 질문을 끝까지 하지도 못했다. 딸은 무슨 말이 나올지 이미 알고 있고, 당신이 그 말을 못 하게 한다. 이 반응은 5초 안에 나온 신호였다. 당신은 질문을 마무리 짓는다.

"공부는 다 했니?"

아이는 턱을 조금 떨군 채 눈을 굴린다. 대답을 하면서 아이는 천천히 눈을 감는다.

"하고 있는 중이야."

흐음, 이제 우리는 충분한 정보를 모았다.

## ☑ 인지력 강화하기

대화 상대방을 구체적이고 정확하게 관찰하기 위해 비언어적 신호를 인지하는 능력을 훈련해야 한다. 적절한 '훈련 교재'는 서로 대화하고 있는 사람들이다. 당신이 직접 참여하지 않는 대화를 관찰할 수 있으면 더욱 좋다. 이 훈련에서는 특히 다음 지침들을 명심해야 한다.

• 언제나 대화의 맥락을 염두에 둬라. 말과 몸짓 언어를 종합해 판단하라.

• 우선 개별 움직임들에 주의하라. 시간이 지나면서 당신은 여러 신호들을 동시에 인지할 수 있을 것이다.

• 기본 감정(140쪽의 '일곱 가지 기본 감정'을 보라)을 이미 잘 알고 있다면, 개인의 몸짓과 표정에 집중하라. 사람들은 자기 내면에서 일어나는 것을 보여주는 자신만의 특별한 표현 방식을 갖고 있다.

그리고 어릴 때 그러했듯이 당신의 직감을 신뢰하라.

# 태도가 폭로하는 것

*"당신의 존재 자체가 이미 너무 시끄럽기 때문에*
*나는 당신이 하는 말을 들을 필요가 없다."*

모니카 마트쉬니히

거짓말하기는 매우 쉽다. 거짓말을 할 때 머리부터 발
끝까지 몸 전체를 통제하는 일이 훨씬 더 어렵다. 이미 알
고 있듯이 말보다는 행동으로 상대방의 거짓말을 알아차
리게 된다. 친숙한 사람일수록 그 사람이 평소와 다르게
행동하는 것을 더 잘 파악할 수 있다. 평소에 침착하고 조
용해 보이는 동료가 갑자기 서두르면서 어색하고 산만한
움직임을 보인다. 이런 이상 행동은 그전에 미리 그 사람의
평소 행동인 기준선을 탐지해두었을 때만 인지할 수 있다
(210쪽의 '자백보다 정보 수집에 초점을'을 참고하라).

만약 당신이 대화 상대방의 평소 행동을 모른다면 그 사람을 잘못 판단할 위험이 있다. 강도 높은 신문을 받으면 긴장감이 매우 높아질 수 있다. 심각한 결과에 직면한 사람은 불안과 갈등, 스트레스 반응을 보일 수 있지만 그 스트레스 신호가 거짓말의 증거는 아니다. 그는 단순히 대화의 불편한 결과에 불안감을 느끼는 것일 수 있다. 그러므로 비언어적 스트레스 신호를 거짓말의 증거로 규정하는 오셀로 증후군(근거 없이 남을 의심하며 자신이 피해자라고 생각하는 증상이다—옮긴이)에 빠지지 마라.

확실히 인간은 이미 듣고 보고 읽었던 것을 먼저 인지한다. 뇌는 한 가지 일에 우선 민감해지기 때문이다. 그러므로 자주 등장하는 몸짓 언어의 신호들을 알고 있으면 그 의미를 재빨리 파악하는 데 도움이 된다. 당신이 그 신호들을 알고 있다면 그 신호들이 보내는 의미가 머릿속에 떠오를 것이다.

여기서는 몸 전체에서 나타나는 비언어적 신호들을 소개하려고 한다. 이 신호들은 많은 연구와 관찰에서 주목할 가치가 있는 것으로 판명되었다. 그러나 이 신호들이 어떤 경우에는 아무런 의미도 없고, 또 어떤 경우에는 심지어 정반대의 의미를 띤다는 사실도 여전히 유효하다. 그러므로 언제나 대단히 조심스럽게 결론을 내려라. 한 가지 신호 때문에 결코 오류를 범해서는 안 된다.

**오셀로 증후군**

이 개념은 윌리엄 셰익스피어의 희곡《오셀로》에서 생겨났다. 비극적 영웅 오셀로는 아내 데스데모나의 손수건을 다른 남자에게서 발견했다. 오셀로는 여기에 음모가 숨어 있다는 것을 몰랐다. 격렬한 질투에 사로잡힌 오셀로는 데스데모나에게 따져 물었다. 데스데모나는 공포 속에서 자신의 결백을 강변했지만, 오셀로의 의심은 너무 커서 아내의 두려움을 거짓말의 명백한 증거로 해석하고 침실에서 목을 졸라 살해했다. 그 후 오셀로도 스스로 목숨을 끊었다. 잘못된 판단이 이런 극적인 결과를 항상 가져오는 건 당연히 아니지만 오판은 양쪽 모두에게 위험하다.

**몸짓 언어에 대한 오해**

팔짱을 끼는 것은 무관심을 뜻한다. 코를 만지거나 계속해서 먼 곳을 보는 사람은 거짓말을 하고 있다. 바지 주머니에 손을 넣고 있는 사람은 무언가를 감추려는 사람이다. 손깍지를 끼고 있는 사람은 마음을 열 준비가 되어 있지 않은 사람이다. 당신은 이런 주장들을 알고 있는가? 이 모든 주장이 말도 안 되는 헛소리다! 한 가지 신호는 거의 의미가 없다.

## 사람의 자세

한 사람의 자세는 그 사람의 생각과 느낌에 대한 많은 정보를 전달한다. 자세 전체를 한번 살펴보라. 사람들의 서 있는 자세를 관찰하라. 누군가가 양발을 딛고 똑바로 서 있으면 그의 정신과 육체는 '균형적'이다. 그 사람은 자신이 하는 말에 확신이 있어 보이고, 어떤 주제에 대해 안정된 의견을 갖고 있다. 한 발로만 서 있는 사람은 불안정하거나 방어적으로 보인다. 그 자세는 불안과 긴장의 신호일 수 있다. 누군가가 무릎을 고정하고 있으면, 다시 말해 두 다리를 완전히 뻗고 있으면, 확실히 그는 무언가를 방어하고 있다.

다음 상황을 상상해보라. 아들이 이웃집 친구가 가장 좋아하는 장난감을 몰래 집으로 가져왔다. 당신은 당연히 아들이 장난감을 되돌려주고 사과하기를 원한다. 틀림없이 아들은 당신의 요구를 처음에는 거부할 것이고 거부 의사를 비언어적으로도 표현할 것이다. 아들의 다리를 보라. 아마도 아들은 무릎은 쭉 펴고 뻣뻣하게 서 있을 것이다. 아들 입장에서는 행동할 준비가 안 되어 있다는 신호다. 이런 태도를 보이면 아들은 아직 납득하지 못했다는 뜻이다. 아이들에게 대단히 분명하게 나타나는 이런 반응들이 어른들에게도 종종 나타난다. 그러나 그 반응의 형태는 미세하다.

예를 들어 몸을 가볍게 앞뒤로 흔들거나 발을 앞뒤로 쓸고 있는 사람을 본 적이 있는가? 그들은 스스로 안정을 찾으려고 노력하는 사람들이다. 소리 내어 울고 있는 아기를 떠올려보자. 이럴 때 아기를 어떻게 달래는가? 그렇다.

아기를 살살 흔들어주면서 달랜다. 앞뒤 또는 좌우로 흔드
는 것은 몸의 긴장을 풀어주는 효과가 있다.

## 거짓말을 할 때 나타나는 특징

자기 확신과 권력 의식이 강하고 지배적인 사람은 거짓
말이 탄로 났을 때 의식적으로 3센티미터는 더 커 보이게
하고, 다리를 넓게 벌리고 서서 무게중심을 앞쪽에 둔다.
말하자면 언제나 공격할 수 있는 자세를 취한다(그림 ①).

감정적이고 복종적인 사람은 불편한 상황에서 사라지고 싶어 하는 경향이 있다. 이런 경향은 비언어적인 태도에서도 볼 수 있다. 이런 사람은 몸을 모아 작게 만든다. 상체는 무너지고 다리는 가볍게 구부리거나 서로 교차한 채 서 있다. 팔은 배 앞에 둔다(그림 ②).

외향적인 사람은 거짓말을 할 때 모터사이클 선수처럼 행동한다. 모터사이클 선수는 많은 급격한 곡선 구간을 정복해야 한다. 한번은 왼쪽으로, 한번은 오른쪽으로 돌아야 하고, 점프할 준비를 하거나 한 발로 서 있어야 한다. 상체는 모든 방향으로 돌릴 수 있어야 한다. 그는 모든 불편한 질문을 말 그대로 피하고 싶어 한다(그림 ③).

냉정한 사람은 불편한 질문에도 한결같은 자세를 취한다. 다리를 모은 채 서 있고 팔은 거의 움직이지 않으며 얼굴에는 표정이 거의 없다. 자세히 보면 무게중심이 뒤쪽에 놓여 있는 것을 알 수 있다. 상대방과 최대한 거리를 두고 싶기 때문이다. 한편 이

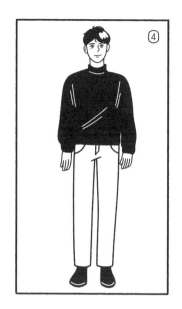

사람은 몸짓 언어의 효과를 잘 알고 있기 때문에 가능한 한 작은 정보를 드러내고 싶어서 이런 자세를 취할 수도 있다(그림 ④).

## 걸음걸이로 삶을 짐작한다

걸음걸이에서 그 사람이 어떤 인생을 살고 있는지 알아차릴 수 있다. 활기 넘치는 삶인지, 기력이 없는 삶인지, 목표를 추구하는 삶인지, 합리적으로 사는지 아니면 조심스러워하며 사는지 짐작할 수 있다. 불편함을 느끼는 사람들

은 안전함과 편안함을 느끼는 사람들과 다르게 움직인다. 거짓말이 드러나는 걸 원하지 않기 때문인지도 모른다. 여기서는 세 가지 종류의 걸음걸이를 살펴보자.

## 등골이 오싹한 두려움

넷플릭스 드라마 〈그리고 베를린에서<sup>Unorthodox</sup>〉에서 배우 시라 하스는 이 걸음걸이를 대단히 훌륭하게 보여주었다. 한 젊은 여성이 뉴욕에 있는 극단적 정통 유대교 공동체에서 탈출해서 베를린으로 간다. 그녀는 새롭고 거대한 세계에 대한 두려움과 다시 유대교 공동체로 돌아가야 할지 모른다는 두려움을 동시에 느낀다. 두려움이 있는 사람은 구석구석에서 위험을 감지한다. 이 두려움은 자세와 걸음걸이에서 드러난다. 어깨는 잔뜩 움츠리고 머리는 어깨 사이에 거의 파묻힌다. 얼굴에는 긴장된 표정이 나타나고 눈은 빠르게 주변을 두리번거린다. 골반은 뒤로 밀려난다. 발걸음은 작고 변덕스러우며 빠르지만 조화롭지 못하다. 종종 가방, 아이패드, 시장바구니 같은 물건으로 몸을 가린다. 나에게는 이 시리즈에 출연한 시라 하스가 오스카상 수상자다.

## 어깨 위에 얹힌 무거운 짐

태도에서 이미 슬픔을 알려주는 사람들이 있다. 어깨

는 푹 처져 있고, 머리는 앞으로 숙여져 있으며, 팔은 생명 없는 촉수처럼 흔들리고, 걸을 때는 발을 질질 끈다. 사람들은 말 그대로 무거운 짐이 그들의 어깨 위에 놓여 있는 것을 본다. 이런 사람들은 기력이 없어 보이고 대부분 실제로도 그렇다.

직접 한번 실험해보라. 이런 자세를 취해보고 몇 분 동안 아무 기력 없이 발을 질질 끌면서 방 안을 걸어보라. 갑자기 당신을 억누르는 육체적, 정신적 무게를 느낄 것이다. 그렇지 않은가? 그렇게 당신은 우울한 기분을 훌륭하게 유도할 수 있다. 나는 이런 자세 대신 이른바 '파워 포즈<sup>power pose</sup>'를 추천한다. 파워 포즈는 사회심리학자 에이미 커디 덕분에 유명해진 걸음걸이다.

## 자기 확신이 있는 사람

자신감이 넘치는 사람들은 보통 신중한 속도로 걷고, 다른 사람들은 결국 그들을 기다리게 된다. 그들은 괴테의 경구를 따른다.

"안전하게 단계를 밟고 싶다면 천천히 해야 한다."

그들의 자세는 곧고 어깨는 펴져 있으며, 머리는 똑바르고 보폭은 적당하며 걸을 때는 팔도 함께 흔든다. 이런 자세는 주도적인 느낌과 생기 있는 느낌을 준다. 이 자세를 시도해보라. 이때 충분한 몸의 긴장을 만들기 위해 엉덩이 사이에 완두콩이 끼여 있다고 상상해보라. 2분 동안 그렇게 있어보라. 에이미 커디는 지배호르몬이라고도 불리는 테스토스테론의 혈중 수치는 올라가고 반대로 스트레스 호르몬인 코르티솔 수치는 낮아지는 것을 발견했다.

## 앉는 자세가 전하는 힌트

몸짓 언어를 다룬 어떤 책에서는 다리를 꼬고 앉은 여성들은 행동할 수 없다는 주장을 펼친다. 우선 나는 여성 독자들을 안심시킬 수 있다. 이 주장은 완전히 틀렸다. 치마를 입지 않은 여자가 '카우보이 자세'로 의자에 다리를 벌리고 앉아 있는 건 단순히 느낌 차원에서 예의에 어긋나 보일 수 있다. 그러므로 다리를 꼬아 모으고 앉는 것은 대단히 자연스러운 자세다. 또한 이 자세로 있다가도 여성은 바로 일어나 활동할 수 있다.

앉는 자세는 개인적 습관에 대한 정보를 제공하고, 그 사람이 어떤 행동 계획을 갖고 있고 지금 무엇을 느끼는지도 알려준다. 앉는 자세 또한 그 사람이 처한 맥락과 깊이 관련된다. 자기 집 식탁에 앉을 때와 고급 식당에 초대받았을 때의 자세는 다르다. 앉아 있을 때 상체의 자세는 서 있는 자세와 비슷한 의미를 지닌다. 바른 상체는 힘과 능동성을 뜻한다. 구부정한 상체는 낮은 에너지와 수동성을 뜻한다. 상체를 앞으로 내밀면 관심이 있다는 신호이고, 상체를 뒤로 물리면 거리를 유지하겠다는 뜻이다. 이때는 정신활동 또한 종종 감소한다.

이제 다양한 앉는 자세 가운데 몇 개를 골라 그 의미를 살펴보자.

### 안장에 앉듯이 편안한 자세

좌석의 넓은 부분을 차지하고 앉는 사람은 편하게 있고 싶거나 너무 빨리 그 자리를 떠나고 싶지 않아서 자리를 지키려고 준비를 하는 사람이다. 시간이 없거나 불안감을 느끼는 사람은 가능한 한 빠르게 자리를 떠날 수 있도록 대부분 의자 끝에 앉는다.

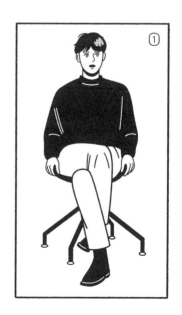

### 다리 꼬기

이중으로 꼰 다리, 위로 올린 어깨, 고개를 약간 돌린 모습은 내면의 긴장과 경직성을 드러낸다(그림 ①).

## 어깨 보여주기

누군가가 당신 앞에 앉아서 당신을 '냉랭하게' 대한다고 상상해보라. 그러니까 상대방이 상체를 돌려 자신의 어깨를 당신에게 보여준다고 상상하라. 여기에 더해 그가 책상 위에 팔을 얹는다. 그렇게 그는 '장벽'을 추가해 자신의 신호를 강화한다. 이런 자세는 무언가를 거절하거나 이 자리에 흥미가 없거나 당신을 신뢰하지 않는다는 걸 의미할 수 있다. 그 사람은 조심하기 위해 보호 장벽을 쌓는 것이다. 누군가가 의자에 앉아 정강이를 반대쪽 허벅지 위에 놓을 때도 보호 장벽으로 인식된다. 이런 자세는 남성들에게서 더 자주 볼 수 있다(그림 ②).

**결백한 태도**

　불안이나 긴장을 느끼는 사람들은 종종 의자에 상체를 깊이 파묻고, 양손을 다리 사이에 끼우거나 엉덩이 밑에 놓는다. 땅바닥에 대고 있는 발은 조금 넓게 벌리지만, 발끝은 살짝 안쪽을 향하고 허벅지는 서로 붙인다. 이렇게 하면 연약하고 결백해 보이는 효과를 얻는다.

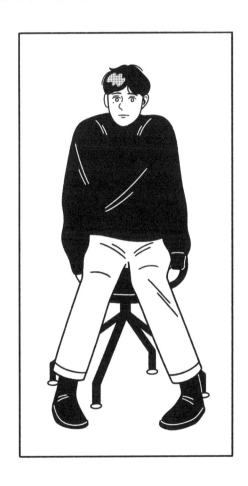

**앞에 둔 상체를 뒤로 기대기**

상체를 앞으로 기울이면 종종 관심의 신호로 해석된다. 그다음 갑자기 상체를 뒤로 기대면 두 가지 중 하나다.

- 비판적인 생각을 가졌거나 내면에 당신의 의견을 거부하는 생각이 있다.
- 다른 의견을 받아들이려고 자신의 생각과 결별하고 있다(근거: 우리 몸이 움직이면 우리 생각도 움직인다).

후자인 경우 아마 당신은 당신의 목표에 도달했을 것이고 상대방은 자신의 생각과 결별하고 있을 것이다. 상대방이 고개를 끄덕일 때 실제로 그 증거를 얻게 된다.

**사실을 회피하는 몸짓**

누군가가 당신 앞에 상체를 똑바로 세우고 손은 등받이에 대고 양발은 바닥에 둔 채로 앉아 있다고 상상해보라. 그 상황에서 당신이 어떤 확고한 사실을 그 사람에게 제시할 때 그 사람이 자신의 상체를 한쪽으로 돌린다. 말하자면 그는 당신이 제시한 사실을 외면한다. 사실이 자신을 비켜가도록 몸을 돌린 것이다. 당신에게 이 자세는 다음과 같은 의미를 전달한다.

"점점 더 깊이 파고들어라!"

> **목 부위를 주목하라**
> 겉으로 드러난 목은 신뢰를 뜻하고 이런 의미를 지닌다.
> "그래, 난 너를 믿어. 가장 다치기 쉬운 부위인 내 목을 보여줄
> 게."
> 반대로 어깨를 위로 올리는 행동은 가장 다치기 쉬운 부위를 보
> 호하겠다는 뜻이므로 불신을 드러낸다.

## 다양한 손짓의 세계

손은 우리에게 가장 중요한 도구다. 손이 없다면 우리는 쉬운 일상의 작업도 수행하지 못한다. 그러므로 의사소통에서도 손이 큰 역할을 담당하는 것은 전혀 놀라운 일이 아니다. 손짓은 우리 감정과 생각에 대해, 그리고 상대방에 대해서도 대단히 많은 것을 폭로할 수 있다. 손짓은 우리가 하는 말을 강조하거나 반증할 수도 있다. 이제 다양한 손짓의 세계로 들어가보자. 그 전에 먼저 몇 가지 손짓들을 구분하는 게 중요하다.

### 상징, 예증, 규제
이 손동작들은 말을 보충하고 구체화한다.

- **상징**emblem: 그 자체로 의미가 있다. 상대방을 향해 손가락으로 자신의 머리를 두드리는 것은 상대방이 제정신이 아니라는 의미다. 기쁠 때는 손을 비비고 눈썹을 올린다. 확신이 없을 때는 머리를 긁적인다.

- **예증**illustrator: 말을 구체화한다. 손가락 세 개를 펴서 세 가지 중요한 점을 강조한다. 무언가를 거절할 때 고개를 좌우로 흔들거나 손바닥을 펴서 앞으로 내민다. 분명한 정지 신호다. 몸을 뒤로 빼면서 팔짱을 끼고 입을 다무는 것도 부정의 분명한 신호일 수 있다. 또는 "아니요, 괜찮습니다"를 양손바닥을 뻗어 좌우로 흔들면서 강조한다. 이런 손짓들은 문화에 따라 매우 다양하다.

- **규제**regulator: 이어지는 대화 과정을 규정한다. 말을 하면서 동시에 고개를 흔들어 부정의 뜻을 보이거나, 팔을 뻗어 손바닥을 위로 보이면서 상대방에게 계속하라고 재촉하기도 한다.


우리는 이 모든 손짓을 거의 생각하지 않은 채 종종 무의식적으로 보여준다. 기억해야 할 한 가지는 고도로 집중할 때는 손짓이 줄어들고, 화가 나면 손짓이 많아진다는 것이다. 두려울 때는 손짓이 늘어날 수도 있고 줄어들 수도 있다. 이런 사실이 거짓말을 알아채는 일에 왜 중요할까? 거짓말을 하는 사람은 큰 압박감을 느끼므로 대단히 집중하게 된다. 거짓말을 하는 사람이 두려움을 느끼거나 화를 넬 수도 있다. 그러므로 대화할 때 상대방의 손짓 리듬에 변화가 있는지 주의 깊게 살펴야 한다.

나는 변호사들과 많은 일을 한다. 그들은 프로파일링, 즉 고객 혹은 상대방의 성격 파악에도 관심이 많다. 나와의 작업을 통해 변호사들은 거짓말을 발설하는 신호들을 보는 법을 배울 뿐만 아니라 동시에 자신의 행동을 통제하는 법도 배운다.

### 손으로 얼굴 만지기

거짓말을 할 때 우리는 얼굴이나 이마를 잘 만진다. 그라나다 대학교의 심리학자들은 거짓말을 할 때 피부 체온이 올라가는 것을 발견했다. 실험심리학자 에밀리오 고메즈 밀란은 이 현상을 이렇게 설명한다.

"우리는 거짓말을 할 때 깊이 생각해야 하고 할 말을 계획하고 맥락을 분석해야 한다. 이런 사고 활동 때문에 우리 이마의 온도가 올라간다."

혈액 순환이 빨라지면서 이마에 손을 얹을 가능성도 높아진다는 것이다. 또한 거짓말을 하는 사람은 종종 뺨이나 뒤통수를 만지고 귓불을 잡는다. 이런 동작들 또한 자기 진정을 시도한다는 신호이다.

기억하라. 손으로 얼굴을 만지는 모든 동작은 늘 부정적 신호다. 그러므로 만약 거짓말할 필요가 있다면 다음

경구를 기억하라!

"얼굴에서 손을 치워라."

다행히 우리는 이 손짓을 오랫동안 스스로 통제할 수 있다.

---

**피노키오 효과에 대한 오해**

피노키오는 거짓말을 많이 할수록 코가 길어진다. 오랫동안 이 이론이 통용되었다. 즉 거짓말을 할 때 코에 혈류량이 증가해 코가 부풀어 오르면서 커진다. 그래서 사람들은 거짓말을 할 때 코가 간지럽다고 느끼고, 코를 더 자주 만지게 된다는 것이다. 그런데 이 명제는 틀렸다. 오히려 그 반대다. 거짓말을 할 때 코의 온도는 내려가고 혈류량은 떨어진다.

---

### 목과 관련한 손동작

우리는 목이나 뒷목을 반복해서 잡는 모습을 보고 압박을 느끼거나 스트레스를 받는 사람을 알아차릴 수 있다. 위협을 느끼거나 거짓말을 하는 사람은 목과 관련된 이런 손동작을 더 자주 사용한다. 특히 여성들은 자주 쇄골의 가운데를 만지거나 목걸이를 만지작거리곤 한다(그림 ①). 남성들은 종종 넥타이를 매만지고 셔츠 깃이나 티셔츠의 목 부위를 잡아당긴다. 공기를 공급받기 위해서다. 여성들도 옷깃을 잡는 것을 관찰할 수 있다(그림 ②). 이 모든 움직

임은 적응 반응, 즉 자기 진정을 위한 동작들이다.

### 집게손가락을 입에 갖다 대기

나는 일 년에 몇 번씩 멘토와 풍성한 대화를 나눈다. 나의 멘토는 나보다 나이가 많은 남자이고, 지적이고 머리 회전이 빠르며 종종 나와 의견이 다르다. 언젠가 우리는 거짓말의 의미에 대해 오랫동안 대화를 나누었다. 우리는 어떤 지점에서 의견이 갈렸다. 멘토는 상황이 심각해지지 않도록 입을 닫았고, 집게손가락을 입에 갖다 댔다. 말하자면 멘토는 자신의 생각을 이중으로 잠갔다. 내가 여러 번 되물었지만 멘토의 대답은 한결같았다.

"그냥 한번 깊이 생각해봐요."

그 시도는 좋았다. 나는 몇 달 동안 숙고의 시간을 보낸 후 멘토가 옳았다는 것을 인정해야 했다. 당시 나는 그 주제를 감정에 치우치지 않고 전문적으로 성찰할 능력이 없었다.


### 당신의 손을 보여줘

불안하거나 긴장할 때 아이들은 어떤 행동을 자주 보일까? 그렇다. 아이들은 종종 손톱을 물어뜯는다. 손톱 물어뜯기도 자기 진정을 위한 행동이다. 여러 연구에 따르면 인간은 스트레스, 갈등, 부담스러운 상황에서 아주 어릴 때 배웠던 동작, 반응, 행동 양식으로 돌아간다. 그래서 손톱을 물어뜯는 성인도 늘 나타난다(그림 ③).

우리 손은 훨씬 더 많은 정보를 제공한다. 손을 보면 그 사람이 육체노동을 하는지, 정신노동을 주로 하는지를 알 수 있다. 굳은살은 당연히 육체노동을 암시한다. 약지나 검지에 낀 반지는 소속을 알려주고, 중지나 엄지에 낀 반지는 권력이나 남성성을 보여준다. 새끼손가락에 낀 반지는 종종 선언으로 이해되고 특정 종교에의 소속을 상징한다. 반지의 단점은 우리가 압박이나 불안을 느낄 때 종종 문지르게 된다는 것이다(그림 ④). 또 잘 관리된 손은 그 사람이 자신을 중요하게 여긴다는 걸 알려주는 증거다.

**보여주지 않는 손바닥**

어떤 사람과 대화할 때 그 사람이 대답하는 동안 손바닥을 계속 보여주면, 당신은 이 사람이 솔직하고 진실을 말한다고 확신해도 된다. 진실을 말하지 않거나 무언가를 숨기고 싶은 사람은 손을 책상 위에 얹지 않으며 바지주머니 속에 감춘 채 손바닥을 보여주지 않으려고 한다. 누가 솔직하고 누가 그렇지 않은지 직접 한번 찾아보라.

그러나 예외도 있다. 거짓말을 할 때도 손바닥을 보여줄 수 있다. 이때 손동작은 정지신호와 같다. 손을 아래에서 위로 올린다. 상징적으로 무언가를 밀어내려고 하거나 질문을 중단시키려고 한다. 기자회견을 하는 정치인들을 잘 관찰해보라. 불편한 질문을 받으면 정치인들은 이런 '정지

표시'로 그 질문에서 벗어나려고 시도할 것이다. 도널드 트럼프가 대단히 좋은 예다. 트럼프는 거짓말이 탄로 나면 이 동작을 하고 '가짜 뉴스fake news'라고 나팔을 분다. 당신도 틀림없이 봤겠지만 트럼프는 이 손동작을 대단히 자주 반복한다.

### 거짓말을 드러내는 다섯 가지 손동작

손동작은 통제하기 어렵기 때문에 여러 가지를 발설한다. 손과 손가락을 관찰해보라. 대화 상대방의 어떤 손동작에 주의를 기울여야 할까?

꼭 접힌 채 몸에 밀착된 손은 대화 상대방의 불안과 실망을 나타낸다. 양손 깍지를 끼고 있거나 두 손을 서로 잡고 있을 수도 있다. 또 다른 추가 증거로서 손가락 마디 주변의 하얀 테두리를 인지할 수 있다. 이 테두리는 종종 두려움의 신호인데 거짓말을 했을 경우에는 들킬까 봐 생기는 두려움이다 (그림 ⑤).

손끝을 맞대어 지붕 모양으로 모은 두 손은 대화 상대방이 자신의 지식과 자기 자신을 매우 확신한다는 것을 상징한다. 이것은 집중의 신호이기도 하다. 진실을 말하지 않는 사람은 대단히 집중해야 한다. 그 사람은 잘못된 움직임을 보이지 않고, 잘못된 단어를

사용하지 않으며, 대화 중에 혼란에 빠지지 않기 위해 주의해야 한다(그림 ⑥).

만약 대화 상대방이 손을 편안하게 등 뒤에 둔 채 가슴을 펴고 있으면, 그는 분명히 당신에게 우월감을 느끼고 있다(그림 ⑦). 그러나 등 뒤에서 한 손으로 다른 쪽 손목을 잡고, 잡힌 손은 주먹을 쥐고 있다면 완전히 다른 의미를 갖는다. 이럴 때 그는 공격에 대비하고 있다. 문제는 우리가 대화 상대방의 등 뒤에서 무슨 일이 있는지 보지 못한다는 것이다.

집게손가락으로 상대방을 가리키는 손가락 동작인 '권총' 자세는 공격의 신호로 여겨진다. 이 동작은 권위적인

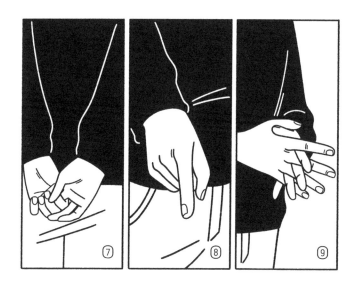

느낌을 주고, 대화 상대방은 대부분 이 동작을 매우 불편해한다(그림 ⑧).

한편 깍지 낀 손가락들을 대화 중에 갑자기 고슴도치처럼 세우는 동작은 명백한 방어 자세를 뜻한다(그림 ⑨).

## 발과 손가락의 의미

몸의 중심과 심장에서 가장 멀리 떨어져 있는 신체 부위는 주의 깊은 관찰자에게 많은 정보를 제공한다. 표정과 자세가 잘 통제되더라도 발과 손가락은 발설해서는 안 되는 몇몇 정보를 흘린다. 발부터 살펴보자.

전직 FBI 요원인 조 내버로는 수십 년간 용의자의 몸짓 언어를 면밀하게 살펴보았다. 내버로는 오늘날까지도 여전히 미국 비밀정보기관에 자문을 해주고 여러 곳에서 강연을 하며 많은 대학에서 초청 강의를 한다. 내버로는 줄곧 발이 "가장 솔직한 신체 부위"라고 지적한다. 발은 수백만 년 동안 인류의 삶을 지켜왔다. 발 덕분에 인류는 수 초 안에 투쟁—도피 반응을 할 수 있었다. 내버로는 사람들이 거짓말을 할 때 종종 얼굴과 손을 통제하는 데는 집중하면서 발은 생각하지 못한다고 확신한다. 그러므로 당신도 발이 드러내는 신호에 주의하라.

### 내면적 도망 자세

내면적으로 도망 중인 사람은 서 있거나 앉아 있을 때 이미 상징적으로 그곳을 벗어나기 시작한다. 그들은 몸을 앞뒤로 흔들고 한 다리의 무게를 다른 쪽으로 옮기거나 발끝을 앞뒤로 계속 문지른다. 발끝은 계속해서 밖을 향한다. 무언극 배우이자 위대한 몸짓 언어 전문가인 새미 몰초는 이 동작을 현실 부정의 표현이라고 규정했다. 몰초는 두 발이 땅 위에 균일하게 서 있는 모습이 안정을 보여주는 분명한 신호라고 보았다. 거짓말을 하는 사람의 경우 거짓말이 들통 날 때의 결과가 치명적일수록 무게가 실리는 발을 더 자주 바꿀 것이다. 다시 말해 몸이 더 자주 흔들거린다.

## 상상의 브레이크 페달

운전 중에 개 한 마리가 갑자기 도로로 뛰어든다고 상상해보라. 당신은 본능적으로 어떻게 하겠는가? 그렇다. 차를 멈추려고 할 것이다. 자세히 살펴보면 당신은 사고를 피하기 위해 오른쪽 발을 들어 발등에 힘을 잔뜩 실어 브레이크 페달을 밟을 것이다.

불편한 상황에 처한 사람은 누구나 정확히 바로 이 행동을 한다. 몸 어딘가에서 긴장감이 드러난다. 발의 경우 종종 발끝이 올라오는 걸 보게 된다. 이 동작은 방어를 뜻하는데 불쾌한 질문에서 최대한 멀리 벗어나고 싶다는 뜻이다. 토크쇼나 언론 인터뷰에 나온 정치인들에게서 이런 모습을 자주 볼 수 있다. 정치인들은 상대적으로 상체를 잘 통제하고, 내면에 숨어 있는 방어적 태도는 상상의 브레이크 페달에서 잘 드러난다. 정치인들은 불편하고 깊이 있는 질문들을 '밀어내고' 싶은 것이다.

## 도망가는 발

대화 상대방의 발끝이 바로 당신을 향해 있으면 그것은 관심이 있다는 신호다. 그런데 발끝이 당신을 향해 있다가 잠시 멀어지고, 다시 당신을 향해 돌아서면 무엇을 의미할까? 그건 대화 중에 수시로 변하는 상대방의 마음을 드러낸다.

"그건 마음에 듭니다. 그 생각은 염두에 두고 싶지 않네요. 그건 또 마음에 드네요."

소위 '도망가는 발'도 있다. 도망가는 발의 발끝은 대부분 문이나 창문 같은 출구를 가리킨다. 이 모습은 내면의 긴장을 폭로한다. 이런 모습으로 앉아 있거나 서 있는 사람은 그 불편한 상황에서 최선을 다해 벗어나기를 원한다.

### 현실 회피적 자세

현실에 단단하게 서서 살아가는 사람들은 말 그대로 '안정'되어 있고 실제 자세도 보통 안정되어 있다. 반면 현실에서 도망치고 싶은 사람들은 땅바닥과의 접촉을 줄이려는 경향이 있다. 이들은 앉을 때 자신의 다리를 의자 다리에 감고 발등을 바닥에 대곤 한다. 한편으로는 안정되고 싶고, 다른 한편으로는 그 상황에서 벗어나고 싶다. 당신은 이런 회피적 태도, 솔직히 말하자면 퇴행적 태도를 109쪽 그림에서 잘 볼 수 있다. 이런 퇴행적 태도의 또 다른 변이는 앉았을 때 발끝으로 까치발을 서는 것이다. 이때 다리는 뒤로 밀리고 발가락만 바닥에 닿는다.

실제로 발을 관찰하는 데는 한 가지 어려움이 있다. 대부분 탁자가 우리의 시선을 가리고, 그 때문에 발이 보내는 신호를 보기가 힘들다는 것이다. 서 있을 때는 발을 관찰하기 쉽다. 어쨌든 당신은 대화를 하는 동안 가능한 한

늘 상대방의 발을 보려고 노력해야 한다.

### 개별 손가락의 의미

손가락의 경우에는 완전히 다르다. 손가락은 보통 대화 중에 잘 볼 수 있다. 많은 것을 말해주는 손동작의 스펙트럼만큼 손가락 동작의 폭은 넓지는 않지만, 개별 손가락의 움직임이나 이 움직임들의 결합은 손동작만큼 다양할 수 있다.

경영 컨설턴트이자 몸짓 언어 전문가인 호르스 뤼클레가 개별 손가락 동작의 의미를 깊이 탐구했다. 뤼클레의 관찰을 자세하게 살펴보자.

엄지손가락은 가장 강한 힘을 낼 수 있는 손가락이다. 우리는 엄지손가락으로 무언가를 짜내거나 누를 수 있다. 독일어 관용구 "무언가 위에 엄지손가락이 있다"는 말은 통제권이나 결정권을 갖고 있다는 뜻이다. 몸짓 언어에서도 엄지손가락은 권력과 힘을 상징하고 손가락들 중에서 '막강한' 지위를 갖고 있다. 위로 뻗은 엄지는 동의의 신호다. 엄지를 뻗으면서 우리는 확실하게 '오케이'를 보낸다. 이와 반대로 엄지를 표면에 문지르면 무의식적으로 무언가를 '무시'하는 것이다. 대화 중에 이런 행동을 하면 관련 대화 내용이 오히려 과소평가된다. 고대 로마의 원형경기장에서는 황제의 엄지손가락이 가리키는 방향에 따라 삶과 죽음이 결정되었다. 다른 네 손가락이 엄지를 감싸면 행동하려는 마음이 누그러진다.

집게손가락은 엄지 다음으로 중요한 손가락이다. 손가락 동작에서 가장 자주 사용되기 때문이다. 집게손가락은 보통 목표 설정, 의지력, 행동할 태세를 가리키는 신호로 이해된다. 그렇지만 집게손가락의 모양과 위치에 따라 동작의 의미는 매우 다양하다. 콧방울을 톡톡 치는 집게손가락은 '비밀손가락'이라고도 부른다. 심리관상학 psychophysiognomie에서는 콧구멍을 지식이 저장되거나 나올 수 있는 정보의 통로로 보기 때문에 집게손가락으로 코를 가

별게 만지면 모든 정보가 제공되지는 않는다는 걸 뜻한다. 집게손가락을 앞으로 뻗으면 '경고의 손가락'이 된다. 이런 지적과 경고의 손가락 자세는 "다시는 그런 짓을 해서는 안돼!"라는 의미를 전달한다.

> 집게손가락으로 과장된 동작을 하는 것은 그 사람이 스스로에게 확신이 없다는 뜻일 수도 있다. 자신의 말을 믿지 못하므로 그런 동작으로 자신을 다잡으려고 노력하는 것이다. 그 동작은 전혀 조화로워 보이지 않으며 상대방의 신경을 종종 거슬리게 한다.

가운뎃손가락은 손가락 가운데 가장 길고 보통 자존감이나 자부심과 관련이 있다. 화자가 말을 하면서 손으로 무언가를 가리킬 때 수평으로 뻗은 손에서 가운뎃손가락이 다른 손가락보다 위로 올라가 있으면, 가리킨 대상이나 청자를 특별하게 생각한다는 뜻이다. 특정 대상을 향한 개인적 친밀감은 가운뎃손가락으로 직접 가리킬 때 더 분명하게 드러난다.

약손가락은 감정과 깊은 관련이 있다. 특별한 감정적 상황에 있는 사람들을 관찰해보라. 그들은 그런 순간에 종종 약손가락을 감싸 쥐거나 문지른다. 그때 바탕에 놓인 감정이 긍정적인지 부정적인지는 당사자가 처해 있는 상황에 따라 다르다.

새끼손가락은 몸짓 언어에서 전혀 작은 손가락이 아니다. 새끼손가락도 많은 것을 드러내기 때문이다. 쭉 뻗은 새끼손가락은 온정이나 즐거움을 의미한다. 맛있는 음식을 즐기거나 값나가는 음료를 한 모금 마셨을 때 사람들은 종종 새끼손가락을 뻗는다. 그러나 새끼손가락이 '접힌' 손바닥 아래에 숨으면 그 반대의 의미다. 불편함을 느낄 때 새끼손가락은 종종 다른 손의 손바닥 안으로 사라진다. 즉 한 손이 다른 손의 새끼손가락을 꽉 붙잡는다. 그러므로 새끼손가락은 관계의 특성이나 특정 상황에서 사람의 기분에 관한 정보를 전해준다.

### 손가락이 전하는 신호

- **엄지를 위로 혹은 아래로?:** 접혀 있는 손가락들 위로 엄지가 보이면 그것은 종종 긍정의 신호이고, 대부분 어떤 주제에 대한 긍정적인 태도를 상징한다. 그러나 이 태도는 주제에 따라 빠르게 바뀔 수 있다. 엄지가 사라지면 기분이 가라앉았거나 생각이 부정적으로 바뀌고 있다는 뜻이다.

- **긴장된 손:** 양 손바닥을 빠르고 강하게 비비는 것은 무엇을 의미할까? 마찰은 어딘가로 나와야 하는 에너지를 바깥으로 내보낸다. 손바닥을 비비는 사람은 확실히 긴장이나 불안 혹은 어떤 압박 속에 있으면서 그 감정을 배출하고 싶어 하는 사람이다.

## ☑ 몸짓의 신호 뒤에 숨은 의미 읽기

어떤 사람이 진실한지 판단하고 싶다면 신체가 보내는 신호에만 의존해서는 안 된다. 신체가 보내는 신호 뒤에는 우리가 처음 추측했던 것과는 완전히 다른 무언가가 종종 숨어 있기 때문이다. 그 사람은 갑자기 빵을 사고 싶다는 생각을 했을 수도 있고, 그래서 잠깐 눈을 감고 숨을 깊이 들이마셨을 수도 있다. 화장실이 급해서 다리를 쭉 뻗었을 수도 있다. 또는 대화 중에 갑자기 중요한 일이 기억나서 고개를 잠깐 옆으로 돌렸을 수도 있다.

이처럼 우리가 대화할 때 숨은 의미들이 늘 함께 흐르고 있다. 다음에 기회가 있다면 대화하면서 당신은 다른 어떤 것을 느끼고 생각하는지, 그럴 때 당신의 자세는 어떻게 바뀌는지 스스로를 주의 깊게 관찰해보라. 이런 관찰을 통해 당신은 거짓말과 단순히 이어지는 행동을 인지하는 능력을 더 정교하게 다듬을 수 있다.

의심이 들 때는 잠깐 주제를 바꾸었다가 다시 원래 질문으로 돌아와보라. 이때 상대방의 반응을 관찰하라. 상대방이 짧은 순간 편안해졌다가 원래 질문으로 돌아왔을 때 다시 눈에 띄는 신호를 보여주면 당신은 이미 문제에 가까이 다가선 것이다.

## ☑ 행인들 관찰하기

카페나 공원 벤치, 기차역에 앉아 있을 때 행인들을 관찰해보라. 모든 행인은 각자의 비언어적 행동으로 자신의 이야기를 들려준다. 당신은 행인의 걸음걸이에서 그가 급한지, 꿈을 꾸는지, 긴장하고 있는지, 편안한지를 알아차린다. 그리고 그들의 자세는 그들이 어떤 기본 유형과 관련이 있는지도 폭로한다. 그러니 한 번쯤은 스마트폰을 치우고 행인들을 관찰하라.

# 표정 읽기의 묘미

"말하는 얼굴이 말하는 입보다 더 중요하다."

보토 슈트라우스, 작가

당신은 속고 있다는 느낌을 받았다! 그것도 당신 남편에게. 당신이 사랑하고 신뢰하며 이미 오랫동안 믿고 있던 사람에게(적어도 당신은 남편에게 그렇게 말한다). 당신은 최악을 상상하고 있다. 즉 남편이 당신의 자리를 직장 동료로 바꾸고 싶어 한다고 생각한다. 이미 한 시간 동안 두 사람은 격렬하게 싸우고 있다. 남편은 당신의 증거들을 부인한다. 물론 증거들은 단순 추측일 수도 있다. 그런데 남편이 계속해서 눈을 피하는 게 당신 눈에 띄었다. 당신은 이제 이렇게 생각한다.

'하! 이거야말로 진짜 확실한 증거야.'

거짓말하는 사람은 눈을 바라보지 못한다고 흔히 알려져 있기 때문이다. 여기서 내가 한 가지는 확실히 보증할수 있다. 당신이 틀렸다. 당신의 남편은 단지 당신과 이런감정 상태에서 계속 의사소통하고 싶은 마음이 없을 뿐이다. 이런 경우에 눈길을 피하는 것은 오히려 흥미의 상실을의미하며 심지어는 도망가고 싶다는 신호일 수도 있다.

## 눈 맞추는 방식의 의미

눈 맞추는 방식과 지속 시간은 문화에 따라 다르다. 서양 문화에서는 직접적인 눈 맞춤을 상호 신뢰와 솔직함으로 이해하고 눈 맞춤을 피하는 것을 정직하지 못함의 신호로 여긴다. 동양 문화에서는 다른 사회적 관습이 적용된다. 중국이나 일본에서는 직접적인 눈 맞춤을 공격적인 것으로 느끼고 가능하면 직접 눈 맞춤을 피하려고 한다. 여기서는 서양 문화 관점에서 살펴보자.

서양에서는 두 사람이 대화할 때 대체로 서로 시선을맞춘다. 지속 시간은 주제, 성격, 두 사람의 관계에 따라 다르다. 보통 청자는 화자가 발언하는 시간의 약 70퍼센트동안 화자를 바라보고, 화자는 자신이 발언하는 시간의 약 40퍼센트 동안만 청자를 바라본다. 일반적으로 눈 맞춤은 의사소통으로의 초대이자 주의와 집중의 신호로 이해된다. 좀 더 자세히 살펴보면 눈이 춤추듯이 움직이는 것을 알게 된다. 즉 우리는 대화할 때 상대방의 눈과 입을 삼각형 형태로 계속 바라본다. 상대방의 내면에 들어 있는 또 다른 감정 정보를 얻기 위해서다. 반면 상대방을 속이는 사람들은 그 사람을 응시하면서 눈을 움직이지 않는 경향이 있다.

> 눈 맞춤은 관계를 만든다! 눈 맞춤은 가깝다는 신호이자 초대의 간접적 신호다. 이와 반대로 응시하고 집중하는 시선은 권력의 신호이고, 이런 시선은 상대방을 '죽일' 수도 있다.

바라보는 방식은 지위와 지배에 관련된 무언가를 드러내기도 한다. 누군가가 우리에게 응시하는 시선을 고정하면 우리는 계속해서 시선을 돌리는 사람보다 그 사람에게 더 많은 지배력을 주게 된다. 한 사람을 오랫동안 자주 바라보면 공감 능력이 커진다. 짧은 시선은 소심함, 수줍음 혹은 무관심을 전달한다.

다른 사람이 계속 응시할 때 시선을 거두면 상대방에게 당신의 지배를 인정하겠다는 신호를 보낸 것이다. 눈 맞춤의 회피는 정말 상처가 될 수 있다. 말 그대로 누군가에게 시선조차 주지 않는 행위는 우월감의 표출이다. 예를 들어 어떤 관리자는 보지도 않은 채 조수에게 과제를 넘긴다.

위에서 내려다보는 시선은 강한 권력욕과 거만함을 느끼게 하고 아래에서 올려다보는 시선은 도움을 청하고 불안해 보인다. 곁눈질은 경시와 불신을 표현하지만 몰래 관찰할 때도 이용된다.

다시 처음 이야기로 되돌아가자. 여기서 남편이 당신을 속이지 않았다는 근거를 하나 제시하려고 한다. 심리학자 서맨사 만과 동료들에 따르면 거짓말을 하는 사람은 진실을 말하는 사람들보다 두드러지게 자주 의식적으로 눈을 맞춘다. 거짓말을 하는 사람은 자신의 신뢰성을 당연한 것으로 가정하지 않는다. 그래서 확신을 얻으려는 그들의 마음은 다른 사람들보다 크고, 자신의 신뢰를 높이기 위해 대화 상대방을 더 강하게 바라보는 경향이 있다. 이런 점에서 당신은 남편이 당신을 응시하지 않았다는 점에 감사해야 할 것이다.

## 거짓말을 드러내는 얼굴 표정

뒤셀도르프 출신 밴드 '디 토텐 호젠'의 리더 캄피노는 이런 말을 한 적이 있다.

"억지 표정을 짓지 마세요. 모든 거짓말은 언젠가는 당신의 얼굴에 드러납니다."

캄피노는 이중적 의미로 제대로 정곡을 찔렀다. 억지 표정 속에 숨겨놓은 감정이 바로 드러나는 경우도 드물지 않다. 우리의 얼굴에는 모든 감정의 움직임이 나타나기 때문이다.

## 미세표정

그러나 걸림돌이 하나 있다. 얼굴이 보여주는 많은 표현들은 미세표정이고 1초도 안 되는 시간 동안 나타났다 사라진다. 정확히 말하면 0.04~0.06초 동안 나타난다. 이 시간은 눈 한 번 깜박이지도 못하는 시간이므로 일반인이 인지할 수 없는 시간이다. 그래서 대부분의 사람은 자신과 타인의 미세표정을 알아차리지 못한다.

이런 짧은 등장에도 불구하고 다행히 미세표정들의 흔적을 살필 수 있는 방법이 있다. 스마트폰으로 대화 상황 하나를 녹화한 후 녹화 영상의 화면들을 하나씩 살펴보라. 이 작업은 많은 인내심이 필요하다. 솔직히 이 작업은 상호 신뢰를 파괴하게 될 것이다. 당연히 일상생활에서 이 방법을 활용할 수는 없지만 심각한 사건에서는 진실을 밝혀주는 방법이 된다.

기술적 장비가 없어도 미세표정을 더 잘 인지하는 일이 가능하다. 이를 위해서는 전문적인 교육을 받아야 한다. 이 교육은 상당히 많은 연습이 필요하다. 명상을 시작할 수도 있다. 신경생리학자이자 뇌과학자인 볼프 징어는 명상을 할 줄 아는 사람이 미세표정을 더 잘 알아차린다는 사실을 발견했다.

한편 미세표정을 완전히 억누를 수는 없다. 가장 간교하고 교활한 거짓말쟁이도 자신의 행동을 무기한 통제하지 못한다. 훈련받은 눈은 미세표정을 인지할 수 있다. 이 미세표정을 재빠르게 알아차릴 수 있다면 우리는 특정한 행동 양식을 분류할 수 있고 주변 사람의 감정을 평가할 수 있을 것이다. 또한 우리 자신의 감정을 더 잘 관찰하고 표현하는 데 도움을 얻는 동시에 다른 사람들이 우리를 더 빨리 이해할 수 있는 기회를 얻을 것이다. 문제는 상대방의 미세표정을 알아차리려면 계속해서 그 사람을 응시해야 한다는 것이다. 보통 응시만으로도 사람은 불편함을 느끼고 더는 '평범하게' 행동하지 못한다.

---

**진실의 마법사**

'진실의 마법사truth wizard'를 알고 있는가? 감정연구가 폴 에크먼과 모린 오설리번은 2만 명의 실험 참가자 가운데 약 50명이 모든 거짓말을 밝혀낼 수 있다는 사실을 발견했다. 바로 우리 가운데 약 0.25퍼센트가 이런 능력을 갖고 있다는 뜻이다. 이 사람들은 공감과 집중력에서도 상당한 능력을 보여주었다.

### 거시표정

거시표정은 대체로 미세표정보다 인지하기 쉽다. 거시표정은 보통 0.5~4초 동안 나타나기 때문이다. 유통기한이 많이 지난 우유 냄새를 맡는다고 상상해보라. 당신은 저절로 어떻게 될까? 콧방울을 위로 올리고 입꼬리를 아래로 내릴 것이다. 왜? 냄새가 역겹기 때문이다. 이런 표정은 관찰자가 어렵지 않게 알아차릴 것이다.

불완전한 표정에 주의를 기울여라. 이 표정들이 거짓말을 폭로해줄 가능성이 높다. 예를 들어 한 상인이 당신에게 필요 없는 추가 제품을 팔아넘기는 데 성공했다고 가정하자. 상인은 속으로 매우 기뻐하면서도 겉으로는 감정을 통제하려고 노력할 것이다. 이때 상인의 얼굴에 단지 입꼬리만 살짝 위로 올라가는 오만한 미소가 저절로 생길 수 있다. 다른 얼굴 표정은 아마도 통제할 수 있을 것이다(83쪽의 '비대칭'을 보라).

통제할 수 없는 얼굴 표정들은 언어의 '행간'과 같은 기능을 하고 단순한 표정보다 훨씬 정확하다. 표정은 종종 마스크에 지나지 않는다. 마스크 이면을 보는 일이 훨씬 흥미진진하다. 행간 읽기를 학습하는 일은 그만큼 가치가 있다.

커뮤니케이션 철학자 캐럴린 헐리와 커뮤니케이션학 교수 마크 프랭크는 연구를 통해 표정의 움직임을 스스로 완전히 통제하는 것이 불가능하다는 걸 보여주었다. 불완전한 표정들은 감정을 숨기고 표정을 통제하려고 할 때 또는 감정의 강도 자체가 그냥 약할 때 나타난다.

얼굴 움직임 부호화 시스템Facial Action Coding System의 창시자인 폴 에크먼은 상대방을 속이려고 할 때 두 가지 표정이 특별히 자주 등장하는 것을 발견했다. 첫 번째는 역겨움이고 두 번째는 경멸이다. 거짓말을 하는 사람이 의도적으로 자신의 표정을 숨기려고 노력할 때 이런 미세표정들을 통해 늘 그의 생각이 드러날 것이다.

**오른쪽 위를 보는 사람은 거짓말하는 사람?**

시선의 방향이 그 사람이 진실을 말하는지, 거짓말을 하는지 알려준다는 주장이 있다. 원래 이 주장은 줄여서 NLP라고 부르는 신경언어 프로그래밍에서 왔다. 이 이론은 생활 최적화 방법 가운데 논란이 많은 이론인데, 거짓말을 눈의 움직임으로 읽어낼 수 있다고 수십 년째 주장한다. 그 논거는 다음과 같다.

우뇌는 기억, 이미지, 감정을 담당한다. 말하자면 우뇌에서 진실을 불러온다. 좌뇌는 구성과 분석, 논리적 사고를 담당한다. 거짓말은 구성 작업이다. 그런데 반대 방향의 뇌를 조정하는 방법이 있다. 만약 오른쪽 위를 보면 좌뇌가 활성화된다. 왼쪽 위를 보면 우뇌가 활성화된다. 여기서 자주 오른쪽 위를 보는 사람은 거짓말을 한다는 주장이 나왔다.

심리학자 캐롤라인 와트와 리처드 와이즈먼이 이 주장을 검증했으나 이 주장이 타당하다는 증거는 찾지 못했다. 그렇게 이 주장은 거부되었다.

## 일곱 가지 기본 감정

폴 에크먼은 '표정 읽기' 분야의 선구자로 통한다. 에크먼은 문화와 무관하게 모든 인간의 얼굴에서 알아볼 수 있는 일곱 가지 감정이 있다는 걸 발견했는데, 이 감정들은 유전적으로 우리 안에 자리 잡은 것이 확실하다. 그렇게 거짓말, 사기, 속임수도 추론할 수 있다. 그러나 에크먼은 경고한다.

"거짓말을 추론하는 데 완전히 신뢰할 수 있는 신호가 있다고 주장하는 사람은 바보거나 사기꾼이다."

표정은 그만큼 다양한 강도를 표현할 수 있고 대칭에서도 벗어날 수 있으므로(83쪽의 '비대칭'을 보라) 가짜 표정을 만들어 상대방을 속일 수 있다.

## 냉소와 경멸

경멸은 종종 얼굴 절반에서만 나타나고 대부분 입 주위에서 나타난다. 입술 절반이 위로 올라간다. 토크쇼에서 아주 잘 관찰할 수 있다. 한 참가자가 자신의 생각을 밝힐 때 상대방은 입으로 억지 미소만 경멸적으로 띤다. 아마도 그는 생각할 것이다.

'허허 참, 너는 지금 자신이 하는 말이 무슨 뜻인지 하나도 모르는구나.'(그림 ①)

## 공포

두려움을 느끼면 눈썹이 위로 올라가면서 오므라든다. 아래 눈꺼풀이 긴장하고 입꼬리가 양옆으로 벌어진다(그림 ②).

## 분노

눈썹이 내려가고 유명한 '분노 주름'이 미간에 나타날 때 당신은 분노나 노여움을 인지할 수 있다. 입술 부위가 창백해지는데 입술을 꾹 다물기 때문이다. 또 눈이 빛나기 시작하고 초점이 분명해진다. 이렇게 말하는 사람도 있다.

"이제 그만 됐어."

이 말은 모든 게 다 좋지 않다는 표현으로 이해하면 된다(그림 ③).

## 놀람

놀랄 때는 양 눈썹이 위로 올라가지만 좁아지지는 않는다. 턱이 아래로 떨어질 수도

있다. 긍정적인 놀라움일 때는 눈가의 주름을 볼 수 있다. 우리는 종종 가짜로 놀라기도 한다. 사랑하는 사람에게 원하던 생일선물을 전해줄 때 놀라움이 1초 이상 지속된다면 그 사람은 이미 행복을 맛볼 것이다(그림 ④).

### 역겨움

역겨움은 쉽게 인지할 수 있다. 얼굴의 많은 부위에서 드러나기 때문이다. 역겨움을 느끼면 윗입술이 올라가고 입꼬리는 아래로 내려간다. 전형적인 특징은 코 주위에 생기는 주름이다. 한 동료가 어떤 사람에 대해 좋게 이야기하고, 이때 당신은 그 동료의 얼굴에서 역겨움의 표정을 읽었다면, 그 동료는 실제로 그 사람을 좋아하지 않는 것이다(그림 ⑤).

### 슬픔

슬픔을 느끼는 사람의 얼굴에서는 근육의 긴장을 찾을 수 없다. 슬픔은 생기를 잃게 한다. 눈썹의 안쪽 모서리와 눈꺼풀이 위로 당겨진다. 시선이 멍해진다. 입술은 거꾸로 선 U자 모양이 된다(그림 ⑥).

## 기쁨

입꼬리는 뒤로, 그리고 위로 당겨진다. 눈썹은 내려가고 눈 옆에는 웃음 주름이 보인다. 가장 유명한 눈가 주름이다. 여기서 진짜 웃음과 가짜 웃음을 구별할 수 있다. 진짜 웃을 때는 눈도 '함께' 웃는다. 많은 감정 연구자들에 따르면 거짓 기쁨일 때는 단지 입만 움직인다.

**비슷해서 헷갈리는 감정들**

서로 너무 많이 닮은 감정들이 있다. 특히 분노와 역겨움을 구분하는 일은 매우 어렵다. 공포와 놀람도 헷갈리기 쉽다.

## 용의자 찾기 훈련

감정연구가 폴 에크먼은 공항에서 의심스러운 승객을 표정으로 인식할 수 있다고 정말로 확신했던 것 같다. 여러 공항에서 당연히 이런 능력을 공항 안전요원들에게 가르치는 데 큰 관심을 보였다. 그렇게 안전요원들은 교육을 받았지만 큰 성과는 없었다. 1,000명이 넘는 미국 공항 안전요원들이 폴 에크먼의 방법을 배워 표정만으로 테러리스트와 다른 범죄자들을 식별해야 했다.

결과는 비참했다. 이 프로젝트는 실패로 판명되었다. 왜 실패했을까? 이미 서술했듯이 0.1초도 안 되는 시간 동안 나타나는 미세표정은 평범한 눈으로는 인지할 수 없다. 안전요원들의 교육은 특별한 목표에 닿기에는 부족했다. 이 작업을 위해서는 더 오랜 훈련 기간이 필요했다. 또 다른 이유가 있는데, 진짜 용의자들은 자신의 얼굴을 통제하려고 특별히 주의한다.

인지 영역에서 우리는 모두 서툴고 투덜거리는 존재다. 미세표정을 알아차리려면 대단히 높은 인지적 노력이 필요하다. 이 말은 곧 미세표정을 읽을 때 우리가 대단히 빨리 피로해지고 인지력도 급속히 떨어진다는 뜻이다. 이 실험에서 우리가 배울 점은 무엇일까? 첫째, 속단에 빠지지 말 것. 둘째, 인지 능력을 훈련할 것. 셋째, 미국 여행을 할 때는 친절한 표정을 보여줄 것!

## 입 관찰하기

특별히 쉽게 인식할 수 있으면서도 큰 의미를 전달하는 얼굴 부위가 또 있다. 상대방의 입을 한번 관찰해보라. 믿기 힘들지만 여기서 많은 것을 감지할 수 있다. 입술의 형태, 긴장 정도, 위치는 중요한 정보를 알려 준다.

## 입술의 형태

입꼬리가 위로 올라간 사람은 아마도 밝고 쾌활한 성격일 것이다. 반대로 아래로 내려간 입꼬리는 슬프고 걱정 많은 기본 성향을 보여준다. 심리관상학에서는 한 사람의 경험, 말하자면 개인의 생애가 몸, 얼굴, 주름에 반영된다고 주장한다.

타고난 얼굴의 특성이 한 사람의 본성과 관련된 것을 말해준다는 주장은 설득력이 많이 떨어진다. 이 주장에 따르면 입술이 두꺼운 사람은 대부분 사교적이고, 종종 특정 감정의 기복이 심한 채 그 감정 속에서 살아간다. 그 감정은 기쁨일 수도 있고, 슬픔일 수도 있고, 분노일 수도 있다. 얇고 작은 입술을 가진 사람은 너무 복잡한 감정을 갖고 있지만, 동시에 합리적으로 사고할 줄 아는 사람이다. 이들은 '양보다 질'이라는 모토에 따라 교우관계의 폭은 작지만 매우 가치 있고 밀도 있는 만남을 추구한다.

이런 일반화 이론은 조심스럽게 다루어야 하고 재미로 봐야 한다. 일반화는 편견으로 쉽게 이어지기 때문이다. 일반화에 기대기보다는 한 사람의 행동, 자세, 손짓, 표정을 관찰하라.

## 뾰로통한 입

입술을 앞으로 내밀어 오므린 채 한동안 이 모양을 유

지하는 사람은 가능성을 아직 점검하는 중이거나 우선은 결정을 미루고 있는 경우가 많다. 그는 그 시점에서 당신에게 동의하지 않는다는 신호를 보내고 있다(그림 ①).

'실룩거림'이 길고 강할수록 거부하는 태도도 강해진다. 아직 반대 의견을 말하기도 전인데 생각하는 동안 이미 입술이 반응한다. 주의할 점 하나가 있다. 이 실룩거림은 빠르다. 그렇지만 약간의 연습으로 잘 알아차릴 수 있다.

입술을 편안하게 하고 있는 사람은 대체로 이완되어 있어서 주도적이면서도 유연하게 행동할 수 있다. 예컨대 비판적인 대화를 나누고 있을 때 상대방의 입술이 편안하게 유지되고 있으면 대화에서 생기는 불편함이 크지 않다는 뜻이다. 좋은 신호라고 할 수 있다.

### 꼭 다문 입

반면 상대방이 입을 꼭 다물고 있으면 대화를 다르게

평가해야 한다. 그 사람은 무언가를 받아들일 준비가 되어 있지 않고, 잘못된 말을 하지 않으려고 주의하고 있다. 그 사람은 입과 마찬가지로 마음도 '닫고' 있고, 전혀 말을 하지 않거나 거짓말을 하려고 한다(그림 ②).

### 입술을 씹는 사람

입술 안쪽이든 입술 바깥쪽이든 상관없이 윗입술이나 아랫입술을 씹는 사람은 "난 지금 불안해" 혹은 "난 아직 망설이고 있어"라고 말하고 싶은 사람이다. 아마도 그는 계속해서 무언가를 말하고 싶을 것이다. 늘 그렇듯이 말을 하지 않는 데는 다양한 이

유가 있다. 아마도 상대방에게 상처를 주고 싶지 않거나 자신이 하려는 말이 나쁜 인상을 남길까 봐 걱정하기 때문일 것이다(그림 ③).

### 입술을 핥는 사람

윗입술과 아랫입술을 맛있게 핥는 사람은 어떤 상황이 마음에 들거나 그 상황을 즐기고 있는 중이다. 그러나 혀가 아랫입술 위에서만 왔다 갔다 하고 있으면 뭔가를 심사숙고하고 있는 중이다. 대화 상대방이 혀를 앞으로 내미는 것은 정신적으로 무언가를 자기 밖으로 밀어내는 것이다(그림 ④).

## 요약하면

상대방의 몸짓 언어, 손짓, 표정을 더 잘 인지하고 판단할수록 그 사람의 생각과 의도를 더 많이 알 수 있다. 이런 인지력은 특별히 거짓말을 알아차리는 데 많은 도움을 줄 것이다.

어떤 사람들은 그냥 뛰어난 배우여서 표정과 몸짓을 대단히 잘 통제한다. 직감이 언제나 좋은 조언자가 되어줄 것이다.

## ☑ 상대방의 입장이 되어보기

표정은 다양하고 섬세하다. 더욱이 우리는 아주 일찍부터 표정을 통한 감정 표출을 통제하는 법을 배운다. 그러므로 당신은 표정을 해석할 때 늘 주의해야 한다.

감정을 폭로하는 추가 증거들을 감지하려고 늘 노력하라. 표정도 맥락 속에서 살펴야 한다는 것을 잊지 마라. 맥락을 고려하지 않은 해석은 쉽게 오류에 빠질 것이다.

어떤 표정이나 자세의 의미를 모르는 상황이 훨씬 더 많을 것이다. 좀 더 능숙하게 몸짓 언어를 알기 위해 이해하지 못한 표정이나 태도를 스스로 한번 취해보라. 다양한 표정과 태도를 흉내 내고 스스로 그 느낌을 느껴보라. 종종 그 표현이 무엇을 의미하는지 알아차리게 될 것이다.

# 말, 거짓말쟁이들은 이렇게 한다

"대부분의 거짓말은 성공한다.
왜냐하면 누구도 진실을 밝히려고 노력하지 않기 때문이다."

폴 에크먼

다음 장면을 살펴보자. 평범한 부부의 대화다.

**토머스**  와, 와인 사 왔구나. 내가 제일 좋아하는 와인이네.

**수전**  같이 한잔하려고.

**토머스**  좋지. 당신이 웬일이야?

**수전**  여보, 우리 얘기 좀 해. 몇 주 전부터 당신이 힘들어

한다는 거 알고 있어. 그 문제를 함께 의논하고 풀었

으면 해. 나한테는 매우 중요한 일이야. 난 당신을 사

랑하고 계속 그러고 싶어.

**토머스**  무슨 말이야?

**수전**  바로 본론으로 들어갈게. 당신은 내가 아직도 그 남자와 연락한다고 믿고 있어. 당신이 나를 믿지 못한다는 게 너무 마음이 아파. 솔직히 말해서 나와 그 사람 사이에 아무 일도 없었어.

**토머스**  왜 이래. 당신이 그 사람과 잤잖아.

**수전**  내가 그 사람과 한 침대에 있었다고? 말도 안 되는 얘기야. 절대 그런 일은 없었어. 이상한 일은 없었다고. 도대체 몇 번이나 얘기해야 해? 이러는 거 정말 피곤해.

**토머스**  그렇겠지. 그런데 그 신용카드 영수증은 도대체 뭐야? 하룻밤에 그렇게 많은 돈을 지불했잖아. 당신은 특급호텔에 있었고 그 호텔에서 밤을 보냈어. 그날 저녁 내내 난 당신과 연락이 닿지 않았고.

**수전**  내가 말은 안 했지만, 당신 정말 너무하는 거 아니야? 어떻게 나를 감시할 수 있지? 그건 신뢰를 완전히 깨버리는 짓이야. 난 당신의 신용카드 영수증을 살펴본 적이 없어. 만약 내가 바람을 피운다면 카드 대신 현금으로 계산했겠지. 그런 생각은 안 해봤어? 뭐 어쨌든 이미 당신한테 설명했지만 다시 한번 말할게. 그날 나는 아침에 비행기를 타고 함부르크로 갔고 아침부터 늦게까지 회의가 계속 이어졌어. 저녁에 그 남자를 만났어. 그 남자는 회사 사장이고 내 고객이 될 수 있었던 사람이야. 상담을 위해 적당한 식당이 필요했어. 그리고 당신도 알다시피 그날 나한테는 핸드폰 충전기가 없었어. 집에 두고 갔거든. 당신도 종종 그러잖아, 그렇지 않아?

**토머스** (냉소적인 말투로) 좋아. 그래서 그 특별한 고객과의 저녁은 어땠는데?

**수전** 하, 너무 오래전 일이야. 상담은 좋았고, 음, 3년짜리 공동 작업에 대해 이야기했어.

**토머스** 뭐라고? 그건 엄청난 일이었을 텐데, 당신은 마치 별일 아닌 것처럼 말하네.

**수전** 언제부터 당신이 내 일에 관심이 그렇게 많았어?

**토머스** 당신은 변했어. 살도 5킬로그램이나 빼고 머리 모양도 바꾸고 옷도 새로 샀지. 나보다 핸드폰을 더 자주 들여다보고.

**수전** 아이 참, 요즘은 자기관리가 필요하잖아. 내가 변한 게 당신 마음에도 들면 좋겠어. 솔직히 말해서 당신도 외모에 조금 신경을 쓰면 좋겠어. 물론 나는 당신의 너구리배도 사랑해. 그래도 내가 꾸미면서 우리 성생활도 다시 활발해졌잖아. 우리가 너무 섹스를 적게 한다고 생각하지 않아?

**토머스** 그건 그렇지. 좋아지긴 했어.

**수전**   봐, 그게 다른 경쟁자는 있을 수 없다는 또 다른 증
거야.

대화가 정말 그럴듯하지 않은가? 충분히 있을 법한 이
야기다. 그런데 수전의 이야기는 사실일까? 거짓말을 알아
차리는 일이 쉽지 않다는 걸 우리 모두 알고 있다. 당신은
진실의 실마리를 잡기 위해 주의해야 할 비언어적 신호가
무엇인지 지금까지 배웠다. 진실에 한 걸음 더 다가가기 위
해 당신은 입말도 면밀하게 조사해야 한다. 이 종합적 판단
을 통해, 즉 확실한 목적 아래에서 몸짓 언어와 말을 함께
인지하며 당신은 프로파일러가 될 것이다.

이제 우리는 우리의 말하는 방식과 이와 관련된 심리적
속임수에 집중하려고 한다. 그리고 수전이 거짓말을 했는
지 안 했는지는 이 장의 마지막에서 알게 될 것이다. 나는
당신이 이미 대답을 알고 있을 거라고 확신한다.


## 거짓을 알아채기 위한 경청

진실이 아닌 것을 알아차리려면 두 가지 중요한 것이 있
다. 첫째는 좋은 관찰력이고, 둘째는 상세하게 잘 듣는 것
이다. 이 두 가지 능력은 당연하고 쉬워 보인다. 그러나 그

렇지 않다. 왜냐하면 누군가가 거짓말을 할지 모른다는 불안한 상황은 스트레스를 주기 때문이다. 이런 상황에서는 뇌에서 감정을 담당하는 변연계가 명령권을 가져가고 높아진 아드레날린 수치 때문에 인지 영역에 투입될 자원이 줄어든다. 상대방에게 다시 집중하기 위해서는 먼저 자신을 진정시켜야 한다. 가장 빠른 방법은 잠시 동안 의식적으로 깊은 호흡을 하는 것이다. 뒤의 연습에서 설명하는 소위 오므린 입술을 통한 숨쉬기도 도움이 된다.

진실을 밝히는 일은 어렵고 높은 집중력을 요구한다. 높은 집중력은 내면이 고요할 때만 생길 수 있다. 내면이 고요할 때만 제대로 들을 수 있기 때문이다. 상대방이 무슨 이야기를 하는가? 어떻게 말을 하는가? 어떤 화법과 단어를 전면에 내세우는가?

말이 진실을 판단하는 정보를 제공하는 이유는 무엇일까? 진실을 말하는 사람은 자신의 기억으로 되돌아간다. 이 일은 쉽다. 반면 거짓말은 고도의 지력智力을 소비하는 '지적 중노동'이다. 거짓말을 하는 사람은 모순에 빠져서는 안 되고, 진짜 기억과 진실된 대답을 억누르면서 설득력 있는 거짓말을 머뭇거림 없이 하기 위해 빠르게 반응해야 한다. 어떤 사람들은 꾸며낸 이야기를 미리 준비해두기도 한다. 그러나 미리 준비하는 게 불가능하고 즉흥적으로 거짓말을 해야 할 때 상황은 더 위험해진다. 이처럼 즉흥적인 거짓말을 하면서 어려움에 빠지지 않는 것은 대단히 복잡한 정신 활동이다.

## 거짓말을 이루는 이야기의 구조

많은 연구가 사람들이 거짓말을 할 때 특정 어법을 사용한다는 것을 보여준다. 그 특정 어법의 징후가 발견되면 그것은 당신에게 경고음이 될 것이다. 거짓말을 할 때 나오는 중요한 언어적 신호에는 어떤 것이 있는지 살펴보자.

### 거짓말은 서론이 길고 본론은 짧다

동화를 한번 생각해보자. 동화의 구조는 고전적이고 논리적이다. 동화는 보통 서론, 본론, 결론으로 구성된다. 우리도 이 구조를 즐겨 사용한다. 어떤 이야기를 설명할 때, 회사 혹은 학교에서 발표할 때, 물건을 팔 때, 업무 보고를 할 때 이 구조를 사용한다. 말하자면 이 구조는 오랫동안 우리에게 주입되었다. 요즘 통용되는 구조는 짧은 서론, 긴 본론, 그리고 짧은 결론이다. 더욱이 대부분의 동화에는 이야기의 처음부터 끝까지 청자를 끌고 가는 중심 주제가 있다. 여기서 서론은 청자를 끌어오고 가장 중요한 정보가 담긴 본론을 준비하는 역할을 한다. 이 고전적 구조에서 서론은 상대적으로 짧고 상세한 정보를 적게 담고 있다.

거짓말로 된 이야기의 구성은 전통적인 구조와 다르다. 거짓 이야기에서는 방대한 서론이 눈에 띈다. 왜 그럴까? 대부분의 거짓 이야기에서도 첫 부분에는 아직 진실을 담고 있는 몇몇 요소들이 존재한다. 거짓말을 하는 사람이 실제로 경험했던 일도 여기 포함된다. 거짓말쟁이는 진실이 담긴 서론으로 자신에게 기운을 불어넣으려고 한다. 이렇게 거짓말쟁이는 정신적, 육체적으로 안정감과 지지대를 확보한다.

진실한 이야기에서 본론은 가장 많은 정보를 전달한다. 또한 본론이 가장 감정적인 부분인 경우도 많다. 스스로 한번 고민해보라. 당신이 경험했던 흥분되거나 아름답거나 흥미진진했던 사건을 설명할 때 당신이라면 어떻게 하겠는가? 가장 중요한 경험에 가장 큰 부분을 할당할 것이다. 그렇지 않은가? 그 경험이 결국 당신 이야기의 주제이기 때문이다. 당신은 그 경험을 풍부한 감정과 함께 매우 상세하게 전달할 것이다.

> 영국의 배우였던 피터 유스티노프 경은 이런 농담을 하곤 했다. "좋은 연설을 하려면 아주 뛰어난 서론과 아주 뛰어난 결론, 그리고 둘 사이를 가능한 한 짧게 해야 한다."

이와 반대로 거짓 이야기에서는 본론이 오히려 눈에 띄게 짧다. 본론에는 상세한 내용이 별로 없고 사건에 대한 감정적 주석도 적다. 이런 식의 이야기를 들으면 당신은 경고등을 켜야 한다.

왜 거짓말쟁이들은 상세하게 얘기하기를 꺼릴까? 이유는 아주 단순하다. 거짓말 속에 상세한 내용이 들어 있으면 거짓말쟁이는 그 내용을 계속 숙지해야 한다. 세부적인 내용이 많을수록 이야기를 하면서 길을 잃을 가능성이 커진다. 심지어 결론이 없는 거짓 이야기도 종종 있다.

어떤 사람이 새 커피머신을 전자제품 매장에서 구매했다고 하자. 그는 새 커피머신을 집 안으로 옮기다가 계단에서 떨어뜨리는 바람에 그만 커피머신의 일부가 깨졌다. 그는 고민했다. 매장으로 다시 가서 "집에 가서 포장을 뜯어보니 이 부분이 깨져 있네요"라고 말한 후 그냥 교환받고 싶은 마음이 생겼던 것이다. 누구나 의심할 수밖에 없는 너무나 짧은 이야기다. 정말로 손상된 제품을 받았다면 전혀 다르게 이야기했을 것이다.

"몇 주 동안 커피머신이 없어서 힘들었어요. 그래서 맛있는 커피를 마실 생각에 잔뜩 기대를 하면서 집으로 갔습니다. 기쁜 마음으로 박스를 열고 포장을 뜯었더니 글쎄 이 부분이 깨져 있네요. 그래도 작동되는지 한번 해봤는데 안 되네요. 이미 고장 나 있었어요. 그래서 교환하고 싶습니다. 당연히 교환이 되겠죠?"

차이가 분명하지 않은가?

거짓 이야기의 결론도 진짜 일어난 일에서 종종 벗어난다. 예를 들어 병원에서 검사 결과를 전달받는 상황을 상상해보라. 음성 판정을 받았다면 어떤 일이 생길까? 큰 기쁨을 느끼고 긴장이 풀리면서 눈물을 흘릴 것이다. 감정적 사건을 이야기할 때 우리는 긴장하면서 내적으로 상당히 집중하게 된다. 그러다가 긴장을 풀 기회가 생기면 에너지는 떨어지고 감정이 그 자리를 차지하게 된다. 거짓 이야기는 다르다. 사기 조사관 파멜라 메이어는 말했다.

"조작된 이야기의 90퍼센트는 결론이 없고 그냥 핵심 사건으로 끝을 맺는다. 거짓말쟁이들에게 사건에 이어지는 성찰은 곤혹스러운 일이다. 그런 성찰은 자신이 만든 이야기가 자신에게 어떤 영향을 미쳤는지 강제로 생각하게 하기 때문이다."

**거짓말쟁이가 본론을 짧게 말하는 이유**

대부분의 거짓 이야기는 서론에서 별로 중요하지도 않은 일을 지나치게 장황하고 상세하게 설명한다. 말하자면 서론은 거짓말을 위한 워밍업이고 거짓말쟁이에게 생각할 시간을 준다. 긴 서론의 도움으로 거짓말쟁이는 거짓 이야기를 머릿속에서 더 쉽게 구성할 수 있다. 이와 반대로 실제 사건이 담긴 본론은 아주 짧아지고 사실적인 내용만 건조하게 전달한다. 본론에 감정들이 들어갈

자리는 없다. 거짓말쟁이는 이 불편한 주제에서 빨리 벗어나고 싶은 것이다. 마지막으로 결론에 느닷없이 도달한다.

거짓 이야기와는 반대로 진실한 이야기는 잘 준비된 연설과 같다. 진실한 이야기에서는 특별히 본론에 상세한 내용이 많이 들어 있고, 화자는 일어난 모든 일을 풍부하게 묘사한다. 화자는 자신의 감정들도 보여주고 그 감정에 대한 감상도 이야기한다. 본론에서 결론으로 물 흐르듯이 넘어가고 간결하고 압축된 내용이 결론에 담긴다. 결론은 짧고 압축되어 있음에도 종종 대단히 큰 감정적 내용을 포함한다. 이야기가 끝나면서 화자도 풀려나고 이때 종종 더 이상 통제할 수 없는 감정들이 쏟아지기 때문이다. 연습을 통해 이야기의 이런 구조를 느끼고 인지해보라.

## 거짓말쟁이는 순서대로 말하고 싶어 한다

대부분의 솔직하지 않은 사람들은 대단히 잘 짜여 있고 순서대로 잘 나열된 거짓말을 준비한다. 모가 나거나 거친 부분이 하나도 없고, 모든 행동이 A에서 B, B에서 C로 정확하게 흘러간다. 이야기 구조가 안정되어 있다. 이런 이야기들은 실질적이고 냉정하며 감정을 적게 포함한다. 이야기가 실타래처럼 술술 풀려간다. 진실한 이야기는 완전히 다르게 진행된다. 진실한 사람이 들려주는 이야기는 이리저리 튀고 중요하지 않은 사소한 일들이 이야기 속에 포함되기도 한다. 진실한 사람은 당시 자신의 생각과 느낌도 설명한다. 가장 중요한 부분은 상대적으로 일찍 언급되는데 그 부분이 또한 가장 감정적인 내용이기 때문이다.

> **실수가 진실을 암시한다**
>
> 법심리학자 히스콕 애니스만과 범죄학자 콜웰에 따르면 이야기
> 를 지어낸 사람들은 이야기가 반복될 수 없도록 하는 데 주의를
> 기울인다. 거짓 시나리오는 단순하다. 왜? 그래야 쉽게 기억할
> 수 있기 때문이다. 진실을 말하는 사람은 대본이 없으며 그 이야
> 기대로 살았다. 그들은 서로 연관이 없는 상세 내용을 전달하기
> 도 하며 실수 또한 더 잦다.

## 시간과 장소를 말하지 않기

진실하지 않은 이야기들은 장소, 공간, 시간 정보를 적게
전달한다. 이런 정보들은 당연히 기억해야 하고 검증할 수
있는 추가적 사실이다. 거짓말쟁이들은 이런 지점에서 쉽게
길을 잃을 수 있다. 그래서 이 정보들을 종종 생략한다.

## 직업적 거짓말쟁이의 수완

특별한 유형의 거짓말쟁이에 대해 들은 적이 있을 것이
다. 이런 사람을 직접 만났거나 그 사람의 행동을 경험했을
수도 있다. 이들은 아무런 양심의 가책 없이 이중생활을 하
고 주변 사람들을 속인다. 몇 년 동안 들키지 않으면서 바
람을 피우는 남녀들만 지칭하는 게 아니다. 의사, 은행가,
변호사, 과학자 행세를 하는 고등 사기꾼들도 많다. 영화
〈캐치 미 이프 유 캔 Catch Me If You Can〉에서 레오나르도 디카프리

오가 환상적인 연기로 이런 고등 사기꾼의 모습을 보여주었다. 자신에게 주어진 역할을 더 잘하고 싶어 하는 건 인지상정이다. 그런데 계속해서 새로운 역할에 몰두해서 다른 사람들의 기대를 채워주는 데 성공하는 사람들이 있다. 그들은 모든 사람을 감언이설로 속인다. 어떻게 그런 일이 가능할까?

- 그들은 매우 잘 꾸며낸 이야기를 갖고 있다.
- 그들은 그 이야기를 대단히 꼼꼼하게 준비한다.
- 그들은 조직화의 귀재이며 삶의 건축가다.
- 그들은 머릿속에서 이야기를 계속해서 되풀이한다.
- 그들은 시간이 지나면서 스스로 그 이야기를 믿게 된다.
- 가장 중요한 점은 그들은 그 이야기대로 살고 그 속에서 살아간다는 것이다. 거짓말이 진실이 되는 것이다.

솔직히 이들 모두 아카데미상을 받을 만하다. 직업적 거짓말쟁이는 말과 비언어적 신호로 자신의 거짓말을 거의 드러내지 않는다. 그들이 만든 이야기 속 삶이 그들의 실제 삶이 되는 것이다. 그러나 모든 거짓된 삶의 구조는 언젠가는 붕괴하고 그 붕괴가 남긴 상처는 모두에게 깊이 남는다.

**새어 나가는 기억들**

새롭게 외운 단어는 기억에 얼마나 머물까? 우리 대부분이 알고 있듯이 안타깝게도 너무 짧게 머문다. 그다음에 그 기억들은 영원 속으로 사라진다. 인간의 이 짧은 기억력이 비진실과 어떤 관계가 있을까? 자신과 관련된 거짓말을 했던 사람은 시간이 지나면서 언급했던 세세한 내용을 잊어버린다. 신문, 목격자 진술, 사고 경위 조사 때 모든 것을 문서로 기록하는 것도 바로 망각 때문이다. 글로 정리한 것은 잊어버릴 수가 없다. 정직한 사람들도 시간이 지나면서 세부 내용은 잊어버리지만, 몇몇 도약 지점에서 도움을 주면 그들의 기억은 돌아온다. 반면에 거짓말쟁이들의 새는 기억은 도움으로 채워질 수 없는데 처음부터 기억이란 게 존재하지 않았기 때문이다.

## 말로 속이는 기술

이미 1970년대에 심리학자들과 언어학자들은 거짓말을 하는 사람과 진실한 사람의 말 사이에 차이가 있다는 걸 발견했다. 중범죄자의 언어를 분석하는 법은 이미 다양한 기관에 갖추어져 있다. 특수요원 수전 애덤스는 진술 분석을 제안한다. 조사관은 피조사자에게 상황을 글로 쓰거나 말로 설명하게 한다. 말로 설명할 때는 진술을 녹음한 후 녹취록을 만든다. 피조사자에게 다음과 같은 진술 지침을 제시한다.

"그날 무슨 일을 했는지 처음부터 끝까지 하나도 빼지 말고 기록하세요(설명해보세요). 아침 기상에서 시작해 저녁에 어떻게 잠자리에 들었는지로 끝맺으세요."

그다음 기록된 것을 특정한 구조에 맞춰 편집한 후 분석한다. 이 분석에서 조사관은 처벌할 수 있는 일차 증거를 얻을 수 있다. 그 후에야 제대로 된 신문이 가능하다. 이 방법은 중범죄나 심각한 상황에서는 의미 있어 보이지만 일반인들은 거의 활용할 수 없을 것이다.

> 신문은 3단계로 구성된다. 첫 번째 단계에서는 피조사자가 자신의 이야기를 한다. 두 번째 단계에서는 신문하는 사람이 질문을 던진다. 세 번째 단계에서 마침내 모순이 발견되고 증거가 제시된다.

그런데 일상에서도 거짓을 밝혀줄 수 있는 많은 입말 증거들이 있다. 거짓말 전문가 파멜라 메이어가 특별히 계속해서 언급하는 '말로 속이는' 중요 기법들을 살펴보자.

### 랜스 암스트롱의 거짓말 신호

프로 사이클 선수였던 랜스 암스트롱은 많은 사람들의 영웅이었다. 암스트롱은 암을 극복했고, 그다음에는 투르 드 프랑스에서 경쟁자들을 물리쳤다. 도핑의 힘으로. 많은 인터뷰 중에 보여준 암스트롱의 모습을 자세히 관찰하는 일은 의미가 있을 것이다.

이 투르 드 프랑스 우승자는 세세한 스트레스 신호를 많이 보여주었다. 불편한 질문을 받을 때 눈 깜박임의 빈도가 바뀌었고, 자신의 어깨를 여러 차례 주무르거나 머리를 긁는 적응 반응을 보여주었다. 진지한 질문들이 제기되었을 때 긴장된 웃음도 보여주었다. 그리고 응시하면서 "예"라고 대답했다. 그런데 그의 고개는 부정의 표시를 보였다. 전형적인 언행의 불일치였다.

그 밖에 암스트롱은 자기 이야기를 연대순으로 구성하면서 아무 감정 없이 발표했다. 암스트롱은 거리를 두는 단어를 사용했다. '약물' 대신 '물건'이라고 말했고 약물의 효능을 하찮게 말했다. 과장된 표현도 사용했다. 예를 들어 '아니요' 대신 '절대 그렇지 않습니다'라고 말했다. 한 가지 신호만 있었다면 의미가 없었겠지만 암스트롱의 경우에는 언어적, 비언어적 신호들이 다발로 쏟아졌다. 그사이 암스트롱은 자신의 거짓말을 인정했다. 그는 자신의 거짓말도 영리하게 활용했다. 스스로를 성공적인 사기꾼으로 묘사하면서 자신의 책을 위한 완벽한 마케팅 전략을 수행했다.

## 지연의 기술

가끔 질문을 되묻는 것은 평범한 일이다. 질문을 받은 후 생각을 정리해서 대답하는 데 필요한 시간은 사람마다 다르기 때문이다. 그런데 되묻는 질문에서 정직한 사람과 거짓말쟁이 사이에 큰 차이가 있다. 정직한 사람은 질문을 불완전하고 부분적으로만 반복한다. 예를 들면 "어제 오후에 어디에 있었어?"라는 질문에 정직한 사람은 "어제 오후?" 혹은 "어디 있었냐고?"라고 되묻는다. 정직하지 못한 사람은 대답을 만들기 위해 더 많은 시간이 필요하다. 그래서 그는 지연 기술을 사용한다. 예를 들면 이렇게 되물을 것이다.

"내가 어제 오후에 어디 있었냐고?"

누군가가 이런 단순한 질문을 다시 완벽하게 반복한다면 바로 용의자 목록에 올려도 될 것이다. 또한 많은 용의자들은 시간을 벌기 위해 멍청한 척하면서 더 많은 정보를 요구한다.

"무슨 말이에요? 조금 더 자세하게 설명해줄 수 있나요?"

상대방이 그리 멍청한 사람이 아닌 것을 알고 있다면 그 상대방의 되물음을 비판적으로 관찰해야 할 것이다.

**거짓말쟁이의 변죽 울리기**

미국의 신문 전문가 제프 낸스는 다음과 같은 지연 기술을 주의하라고 조언한다.

- 질문을 완전하게 반복한다. "당신은 내가 서류를 작성할 때 의도적으로 허위 정보를 제공했는지 알고 싶어요?"
- 더 많은 시간을 벌기 위해 반문한다. "왜 내가 그렇게 부주의한 행동을 해야만 했을까요?"

**지루한 이야기에 대한 열광적인 설명**

여자친구가 당신에게 요양원에 계신 나이 많은 이모를 방문한 이야기를 들려준다. 만약 그 이야기가 갑자기 박진감 넘치는 액션 이야기로 변질하면 당신은 의심을 해봐야 한다. 별로 흥미로울 게 없는 경험담에서 갑자기 과도하게 생기가 넘칠 때는 뭔가 이상한 구석이 있는 경우가 종종 있다. 누군가가 지루한 이야기를 열을 내면서 하고 있다면 우선 그 말에 귀를 기울여보자. 말, 내용, 몸이 서로 어긋나기 때문이다. 반대로 흥미진진한 이야기를 심드렁하고 지루하게 들려주는 사람도 생각을 좀 해봐야 한다.

**자신의 정직함을 지나치게 강조**

거짓말쟁이들은 흔히 자신의 정직함을 과도하게 강조한다. 거짓말쟁이들은 자신의 말이 신뢰감 있게 들리게 하려고 의도적으로 여러 말을 추가한다. 안타깝게도 그런 추가된 말들 때문에 거짓말쟁이들은 정확히 반대되는 결과를 얻는다. 한 CEO가 이렇게 힘주어 말한다면 어떤 효과를 낳겠는가?

"솔직히 말해서 나는 그렇게 말하지 않았습니다. 정말 그러지 않았어요. 기업을 이끌어가는 사람은 그런 말을 하지 않습니다."

이런 식으로 진실을 강조하고 추가적으로 증명하려는 사람은 오히려 신뢰를 잃고 그의 주장도 힘을 잃는다. 누구나 그렇게 한다고 생각할 수 있을 것이다. 틀린 말은 아니다. 다만 심리학자들의 발견에 따르면 거짓말쟁이들은 특별히 눈에 띄게 이렇게 말한다. 공감을 느끼게 하려는 몇 가지 표현에서 그 특징을 잘 알아볼 수 있다.

- "진실을 말하면"
- "솔직히 말해서"
- "맹세하건대"
- "날 믿어요."
- "분명히 말하지만"
- "절대적으로 확신해도 됩니다."

거짓말쟁이들은 이런 말들이 신뢰와 확신을 주는 것처럼 들릴 거라 믿는다. 그들은 이런 말들로 자신들의 정직함을 더 강하게 보여주려고 한다. 그러나 솔직한 사람들에게는 이런 말들이 필요 없다.

배우자와 아이들의 속을 들여다보는 일은 특별히 어렵다. 우리는 가장 잘 아는 가족을 가장 쉽게 속일 수 있는데 함께 살면서 깊은 관계를 형성하기 때문이다. 그들은 다른 사람들을 확신시키려면 어떻게 행동해야 하는지 서로 잘 알고 있다. 그러나 거짓말 이후에는 어떻게 될까? 진실이 밝혀지면 신뢰 관계에 대단히 큰 부정적인 영향을 미칠 것이다.

### 미화하려는 본능

거짓말을 하는 사람은 진실이 아닌 것을 말할 때 그 대상을 미화하는 본능적 경향이 있다. 그러므로 대화 중 상대방의 어휘 선택에 특별히 주의할 필요가 있다. 예를 들어 "돈지갑을 훔쳤어?"라는 질문에 "아니, 난 돈지갑을 가져가지 않았어"라는 대답이 나온다면, 이 말은 거짓말의 증거일 수 있다. 어떤 거짓말쟁이는 이런 경우에 '훔치다'라는 동사를 입에 올리기 부끄러워하고, 다른 단어를 사용해 내용 전체를 미화하고 부드럽게 만들려고 한다.

### 회피 전략

비난이나 의혹 제기에 대한 대꾸가 회피처럼 들릴 때도 의심해보아야 한다. 정직하지 못한 사람들은 질문에 변죽을 울리는 대답을 넌지시 하면서 확실한 거짓말을 회피하려고 한다. "너 때문에 불이 났어?"라는 질문에 찔리는 게 있는 사람이 "아니야. 내가 그런 게 아니야!"라고 대답할 가능성은 낮다. 이런 직접적인 부정보다는 회피하는 형태로 답하려고 할 것이다. 예를 들면 이런 식이다.

"넌 내가 그런 일을 했을 거라고 진짜 믿는 거야?"

또는 이렇게 답할 수 있다.

"어떻게 그런 생각을 할 수 있지? 내가 설마 그런 일을 했겠어?"

이에 더해 거짓말쟁이들은 본능적으로 대상을 지정하지 않는 부정문을 선호한다. 예컨대 이런 화법을 선호한다.

"난 죄가 없어. 난 아무런 잘못도 하지 않았어!"

또한 거짓말쟁이들은 반문을 하거나 질문을 무시하면서 질문자가 무엇을 이미 알고 있는지 찾으려고 노력한다. 예를 들면 이런 식이다.

"지난주에 회사 이름으로 어떤 비행기를 예약했습니까?"

"다른 직원 250명에게도 지난주 비행기 여행에 대해 물어볼 생각이에요?"

아니면 이렇게 반문한다.

"이제 우리를 좀 더 세밀하게 관리하려는 계획인가요?"

반문으로써 주제를 회피하려는 동시에 질문자의 의도를 확실하게 파악할 수 있다. 그러면서 적절한 대답을 생각해낼 수도 있다.

---

**반문은 우아한 방어**

반문은 우아한 방어 방식이다. 궁지에 몰린 기분이 드는 거짓말
쟁이가 이 도구를 자주 사용한다. 반문은 네 가지 목표를 위한 행
동일 수 있다. 첫째, 방어하는 행동을 준비하기 위해. 둘째, 그럴
듯한 대답을 고민하는 시간을 얻기 위해. 셋째, 질문자를 몰아붙
이기 위해. 넷째, 상황을 부드럽게 만들기 위해.

---

**자신과 거리두기**

거짓말쟁이들은 해명서를 제출하거나 행동에 책임을 지
는 대신 자신을 거짓말과 분리하려고 한다. 이때 사용되는
기술은 다양하다. 예를 들면 그들은 의식적으로 '나'라는 1
인칭 대명사를 적게 사용한다. 그보다는 중립적인 '사람'을
전면에 내세운다. "나는 일하지 않은 시간에 대해 비용을
청구하지 않습니다"라고 말하는 대신 "일하지 않은 시간을
비용으로 청구하는 사람은 없습니다"라고 말한다. '사람'을
'우리'나 '우리 팀'으로 바꿀 수도 있다. 가끔씩 책임자가 이
런 말을 과도하게 자주 하는 경우가 있다.

"우리는 확신합니다."

"우리 팀은 노력했습니다."

'나'라는 표현을 회피하면서 자신이 책임지고 싶지 않은

일과 거리를 두는 것이다.

그런데 여기에 거대한 예외가 존재한다. 최근 연구에 따르면 아프리카와 아시아의 거짓말 문화는 유럽 및 미국과는 다르다. 유럽과 미국에서는 흔히 개인주의적인 '나'가 전면에 나온다. 말을 하면서 1인칭 대명사를 사용하지 않는 것이 눈에 띄는 일이다. 이와 반대로 많은 아프리카인과 아시아인은 집단주의의 영향을 강하게 받는다. 즉 사회와 집단이 중심에 선다. 한 연구팀이 집단주의 문화에서는 거짓말을 할 때 1인칭 대명사 '나'가 평소보다 더 자주 사용되는 것을 발견했다. 그들은 집단과 사회 체제를 보호하길 원하기 때문이다.

> 문화에 따라 거짓말 양식도 다르다. 아프리카와 아시아의 문화에서는 자아실현보다는 집단의 보호가 우선시된다. 아프리카와 아시아의 거짓말쟁이들은 '나'라는 단어를 더 자주 사용한다.

## 격렬한 부정

이 전략은 소위 르윈스키 스캔들에서 빌 클린턴이 보여준 행동이다. 클린턴은 질문에 이렇게 대답했다.

"나는 르윈스키 씨와 아무런 성적 관계를 갖지 않았습니다.I did not have sexual relations with that woman, Miss Lewinsky."

이렇게 클린턴은 부정을 지나치게 강조했다. 영어에서는 이렇게 말하면 충분하다.

"나는 하지 않았습니다 I didn't."

다음 표현들이 이런 과장된 부정의 사례일 수 있다.

"나는 거짓말을 하지 않았습니다. 진짜 정말로요."

"그런 짓은 단 한 번도 한 적이 없습니다."

"아니에요. 진짜로 결단코 그런 건 생각조차 해본 적이 없어요."

우리는 누군가가 격렬하면서도 과장되게 부정하거나 반복해서 부정하면 거의 저절로 그 사람을 의심하게 된다. 그러나 주의하라! 누명을 썼을 때의 격앙된 감정에서도 격렬한 부정이 당연히 나올 수 있다. 다만 정직한 사람이라면 시간이 지나면서 격렬한 부정을 점점 다양하게 표현하고 종종 대단히 감정적인 반응을 보인다. 이 점이 미세한 차이다.

### 감정의 미공개

진실하지 않은 이야기에는 거짓말을 하는 사람의 감정 상태나 다른 관련자들이 받은 느낌이 많이 들어 있지 않다. 독립된 인지적 경험도 거의 언급되지 않는데, 말하자면 사람들이 듣고 보고 맡았던 것들이 이야기에서 언급되지 않는다. 진실한 이야기에서는 이런 요소들이 거의 언제나 등장하는데 말이다.

> 거짓말쟁이들은 냉정하게 사건이나 일에만 머물고 감정
> 은 방기한다. 그들은 감각적 경험에서 얻게 되는 인상도
> 거의 묘사하지 않는다.

어떤 이야기가 진실이고 어떤 이야기가 거짓일까? 이 글을 주의 깊게 읽어보라.

"카페에 앉아 있었는데 음악 소리가 너무 컸어. 나는 그 남자를 몰랐지만 그 사람 목소리에 믿음이 갔어. 그는 작고 평온하게 말했거든. 난 그 사람과 함께 있으면서 편안함을 느꼈고, 그는 나에게 모든 관심을 쏟았어. 그게 정말 좋았어."

이번엔 다음 글과 비교해보라.

"카페에 앉아 있었어. 나는 그 사람을 그 전에는 알지 못했어. 우리는 처음 만나 인사한 거지. 그는 이성적이고 편안해 보였어. 내가 질문하면 그 사람은 잘 듣고 대답해주었어."

두 번째 이야기가 첫 번째 이야기와 비교할 때 훨씬 냉정하다. 이 점이 실제로 뭔가를 드러낸다. 그렇지 않은가?

**안전 전략**

교활한 거짓말쟁이들은 자신들이 문제의 해명을 매우 중요하게 생각하는 것처럼 연기하고 싶어 한다. 그러나 그들의 진술은 애매모호하다. 그들은 도움을 주고 싶은 척하고 질문에 대답도 잘 해준다. 단지 진실을 말하지 않을 뿐이다. 다음에 나오는 문장과 질문은 계속해서 둘러대기에 사용할 만한 좋은 기술들이다.

"정확하게 뭘 말하고 싶은 거야?"

"내 기억에는……."

"정말로 그 문제를 깊이 생각해본다면……."

"내가 알고 있기로는……."

"그 문제는 양면에서 볼 수 있어."

직접 대면하게 되면 그들은 종종 이렇게 말한다.

"난 그런 말을 한 적이 없어."

그런데 심지어 대부분 사실이다.

이 밖에도 거짓말을 하려는 사람들의 어법에는 다양한 단서들이 존재한다. 우리는 그 단서들을 면밀하게 살펴야 퍼즐을 완벽하게 맞출 수 있다. 거짓말을 드러내는 화법 전반을 살피기 위해 뒤에 나오는 '거짓말쟁이 어법 총정리'를 살펴보라.

## 목소리가 보내는 거짓말의 신호

이제 우리는 거짓말을 하는 사람의 어법이 많은 것을 폭로한다는 사실을 알게 되었다. 거짓말쟁이의 계략을 완전히 파악하기 위해서는 가능한 한 더 많은 정보를 모아야 한다. 진실 탐구는 퍼즐 맞추기와 같다. 모든 조각이 제자리에 놓일 때 그림을 볼 수 있다. 그러므로 목소리가 보내는 신호와 발성적, 언어적 특징도 관찰해야 한다.

### 자기도 모르게 튀어나오는 감탄사들

숙련되지 않은 거짓말쟁이들은 말하는 중간에 '에', '음', '흠'과 같은 감탄사를 자주 사용한다. 이 감탄사들은 거짓말을 하는 사람이 느끼는 당혹감의 증거일 수도 있다. 숙련된 거짓말쟁이들은 이런 감탄사의 끼어듦이 거짓말을 드러낸다는 사실을 당연히 잘 알고 있다. 이들은 이 감탄사들을 의도적으로 줄이는 연습을 한다. 청자로서 당신은 감탄사가 너무 많은지 아니면 전혀 없는지 잘 구분해야 한다. 둘 다 거짓말을 드러내는 것일 수 있기 때문이다. 드물게 '에', '음', '흠'이 호흡을 위한 것일 수도 있다. 또는 말하는 사람이 바뀔 때가 되었다는 신호이기도 하다.

한편 '포스트잇 방법'은 이 감탄사들을 없애는 탁월한 훈련법이다. '에', '음', '흠'이 적힌 포스트잇을 집 안 곳곳에

붙여둬라. 당신은 이 감탄사들을 얼마나 빨리 줄일 수 있는지 직접 알게 될 것이다. 말하면서 '음'을 내뱉지 않으면 어떤 상황에서도 더 확신을 주는 효과가 있다.

## 첨사에 숨은 의미

독일어에서 첨사는 홀로 쓰일 때는 별 의미가 없고 문장 속에 추가로 사용되는 단어다. '실로', '그럼', '하여간', '그냥', '참' 같은 말을 표현하는 단어들이 대표적이다. 첨사는 화, 놀람, 의심, 풍자 같은 감정을 전달한다. 첨사는 독일어에서 특히 많이 사용되는데 보통 독일인은 이성적이고 감정이 몸으로 잘 표현되지 않는 사람들로 여겨진다. 반대로 이탈리아인과 스페인인은 말 그대로 감정을 몸에 차고 있는 것처럼 보인다.

그런데 독일어는 첨사를 통해 화자의 감정과 생각의 실마리를 제공한다. "난 '그냥' 말했을 뿐이야"는 "그렇게 예민하게 반응하지 마"라는 뜻을 품고 있다. "그랬을 '수도' 있겠네"는 "나는 정확히 몰라"라는 뜻이 담겨 있다. "나는 두 시간 늦었을 '뿐'이야"는 "왜 그렇게 흥분해?"라는 뜻을 품고 있다. 상대방이 너무 많은 첨사를 사용해 말한다면 대답을 회피하면서 변명하려고 노력하는 중이라고 추측할 수 있다.

## 목소리의 음역

거짓말을 할 때 우리 몸은 큰 스트레스를 받는다. 저절로 흉식호흡이 되면서 목소리가 올라간다. 모든 사람의 약 70퍼센트가 흥분하면 목소리가 올라간다. 보통 여성과 젊은 남성에게서 이런 경향이 강하게 나타난다. 흔히 사람들이 생각하기를, 진실을 말하지 않는 사람은 말이 자주 끊기고 말을 더듬으며 감탄사를 많이 사용한다. 그러나 이 생각은 틀렸다. 준비된 거짓말쟁이들은 명료하고 분명하게 말하며 단지 대답만 망설일 뿐이다. 거짓말을 만드는 일은 놀라운 인지적 도전이다. 나는 불안한 상황에서 남성들이 낭랑한 목소리를 유지하는 반면 여성들은 목소리가 올라가는 모습을 자주 관찰했다.

## 말끝을 올리는 갈란드형 문장

아치형 문장과 갈란드형 문장에 주의하라. 진실을 말할 때는 문장 끝에서 목소리가 아래로 떨어지는 경향이 있다. 말할 때 끝을 내리는 것은 마침표를 찍는다는 의미다. 이런 문장이 아치형 문장이다. 불안하거나 스트레스를 받으면 목소리는 종종 문장 끝에서 마치 갈란드 장식 모양처럼 올라간다. 갈란드형 문장은 마치 질문하는 것처럼 들린다. 앙겔라 메르켈은 정치를 처음 시작했을 때 갈란드형 문장 애호가였다. 올바른 대답을 모를 때 메르켈의 목소리는 늘 마지막에 올라갔다. 그사이에 메르켈은 불확실한 대답을 할 때도 목소리를 의도적으로 낮게 유지하는 법을 배웠다. 이런 말투는 확신 있게 들리고 주도하고 있다는 느낌을 준다.

### 말하는 속도

우리는 "거짓말쟁이들이 빨리 말하는 경향이 있다"는 주장을 끊임없이 듣는다. 이 주장은 틀렸다. 오히려 거짓말쟁이들은 말하는 속도를 늦추는 경향이 있다. 거짓말을 할 때는 깊이 생각해야 하고 문장들을 배치해야 하며 실수를 하지 않는 동시에 약속을 하지 않으려고 주의해야 한다. 그래서 거짓말쟁이는 더 느리고 더 분명하게 말한다.

### 속삭임 모드

진실이 아닌 것을 말할 때 대부분의 사람은 목소리를 작게 낸다. 거짓말쟁이는 상대방이 모든 것을 듣기를 원하지 않기 때문이다. 심한 압박 상태에 놓이면 심지어 목소리가 완전히 사라지는 경우도 생긴다. 압박 상태에 놓인 사람이 완전히 침묵하기 때문이다. 죄가 없는데도 의심을 받거나 비난받는 기분이 들면 종종 큰 소리를 내게 된다.

**거짓말쟁이 어법 총정리**

- 서론이 길고 본론은 짧다.
- 모든 것을 순서대로 설명한다.
- 감정이 없는 냉정한 방식으로 이야기한다.
- 시간과 장소에 관한 정보가 거의 없고 세부 내용이 적다.
- 지루한 이야기를 열정적으로 설명한다.
- 세부 이야기를 잘 잊어버린다.
- 받은 질문을 완전히 똑같이 되묻는다.
- "맹세하건대" 식으로 말하며 신뢰를 지나치게 강조한다.
- 정보를 모으려고 반문한다.
- 1인칭 대명사 '나'를 거의 쓰지 않는다.
- 감정이나 감각적인 인상을 표현하기를 피한다.
- 반복해서 격렬하게 부정한다.
- 여러 방향으로 해석이 가능한 대답을 한다.
- "음", "에", "흠" 같은 감탄사들을 잘 쓴다.
- 너무 많은 첨사를 사용한다.
- 목소리가 높아진다.
- 평서문인데 의문문처럼 말끝이 올라간다.
- 말하는 속도가 느려지고 분명해진다.
- 목소리가 속삭이듯 작아진다.

## 특히 조심해야 할 심리적 속임수

거짓말은 대단히 뛰어난 심리적 기술이다. 거짓말은 육체적, 정신적으로 엄청난 에너지를 소모한다. 모든 과정은 서로 연결되어 있다. 우리가 거짓말을 할 때 우리 뇌에 있는 특정한 통제 영역이 저절로 활성화되고 다른 영역은 폐쇄된다. 이런 뇌의 활동은 다시 물리적 반응을 일으킨다. 거짓말을 하는 사람은 정신적으로 자신의 거짓말에 집중하는 동시에 자신의 감성 지능을 최대한 발휘해야 한다. 상대방을 분석하면서 동시에 맥락도 염두에 두어야 한다. 주제를 잃어버려서도 안 되고 몸짓, 표정, 목소리 혹은 어법에서 실수하는 바람에 눈에 띄어서도 절대 안 된다.

이처럼 거짓말은 대단히 수고스러운 일이라고 충분히 예상할 수 있다. 당신도 이제 이해할 것이다. 지속적으로 자신을 잘 통제해서 아무것도 폭로되지 않게 하는 거짓말쟁이가 거의 없는 이유를 말이다. 그렇지 않은가?

> *거짓말은 대단한 능력이다. 거짓말을 하는 사람은 계속해서 자신을 관리하고 통제해야 한다. 거짓말은 인지 부조화를 낳고, 인지 부조화는 뇌에 과도한 부담을 준다. 그래서 거짓말을 하는 사람은 빨리 피로해진다.*

거짓말을 잘하는 사람은 산전수전을 다 겪은 사람이다. 그들은 종종 심리학 지식을 활용한다. 제대로 된 단추만 누르면 인간은 쉽게 조작당한다. 그러므로 전형적인 인간 행동과 그 행동에 영향을 미치는 방법에 관한 지식은 거짓말을 할 때 대단히 유용하다. 당신은 어떤 심리적 속임수에 특별히 주의해야 할까?

## 거짓말쟁이는 공감 점수를 모은다

거짓말을 잘하는 사람들은 사회적 능력도 높다. 그들은 사람들을 마음대로 주무르는 데 능하다. 다른 사람의 입장에서 빠르게 생각한다. 이 거대한 공감 능력과 상대방의 입장을 파악하는 능력 덕분에 능숙한 거짓말쟁이들은 다른 사람의 신뢰를 얻으려면 무엇을 해야 할지 재빨리 파악한다.

거짓말쟁이들은 상대방을 인정하는 일이 신뢰를 얻는 데 작은 보증이 된다는 걸 잘 안다. 그들은 상대방의 기분을 좋게 하려면 어떤 단추를 눌러야 하는지를 정확히 감지한다. 자신에게 좋은 일을 많이 해주거나 특별히 친절한 사람을 비난하는 일은 쉽지 않다. 이 심리적 속임수의 고전적 유형은 비서와의 열정적인 밤을 보낸 후 아내에게 꽃다발을 주는 남편이다. 그러므로 부도덕한 일을 한 후 선물을 가져가지 마라. 이 행동이 당신이 느끼는 양심의 가책을 줄여줄 수는 있지만 결국 당신의 거짓말을 특별히 폭로하게 될 것이다.

## 조롱하기

풍자 혹은 조롱이라는 개념은 그리스어 '사르카스모스 sarkasmos'에서 나왔다. '사르카스모스'는 난도질한다, 괴롭힌 다는 의미다. 속임수를 쓰는 사람은 주제나 사람을 웃음거 리로 만드는 것을 좋아한다. 타인에게 상처를 주는 지점을 정확히 알고 그곳을 정확히 말로 찌른다. 대단히 악의적인 기술이다. 어떤 아내가 있다. 이 여자는 남편이 다시 다른 여자에게 눈을 돌리는 것을 알고 남편에게 말한다.

"당신 또 우리 가족보다 다른 사람에게 더 많은 관심을 쏟고 있구나."

남편은 아내가 계속해서 비난하지 못하게 조롱으로 반 응한다.

"허, 당신 또 로자문드 필처 책을 너무 많이 읽은 거야, 아니면 또 열등감이 폭발하는 거야?"

이런 말 속에는 종종 명백한 경멸이 들어 있다. 이런 기 초 위에서 냉정하게 대화를 끌어가는 것은 불가능하다. 조 롱과 비꼼은 종종 지배적이고 권력이 있으며 스스로 강하 다고 생각하는 사람들에게서 나온다. 그 독창성과 언어적 정교함은 타인에게 주는 상처로 슬프지만 경탄할 만하다. 조롱은 밀접한 관계에서 자주 등장한다.

**거짓말쟁이의 조롱, 반어, 냉소**

거짓말쟁이들은 조롱, 반어 혹은 냉소로 반응하기를 좋아한다.

"네가 부족해서 지금 같은 반응을 보이는 거야."

조롱은 비웃음을 퍼붓는 일이다. 조롱의 목적은 상대방에게 상처를 주거나 상대방을 웃음거리로 만드는 것이다. 반어는 실제 의미와 반대되는 것이다.

"우리의 진지한 대화는 상당히 흥미롭군."

조롱과 반어는 개별 진술과 관련되고, 냉소는 개별 진술을 넘어선다. 냉소는 정신적인 태도이고 통용되는 규칙을 우습게 생각한다.

## 죄의식 심어주기

"어떻게 당신이 나한테 그런 누명을 씌울 수 있어?"

"네가 날 믿지 않을 거라고는 생각도 하지 못했어."

"어떻게 나를 의심할 수 있어?"

"잠깐만, 이런 어리석은 일로 내 시간을 빼앗는 것보다 더 생산적인 일을 할 수는 없어?"

"당신이 의심해서 마음이 아파."

당신은 이런 말들을 알고 있는가? 이런 말들은 상대방에게 나쁜 감정을 불러일으킨다. 이런 말들을 들으면 갑자기 죄의식을 느끼고 스스로를 의심하게 된다.

죄의식은 양심의 가책을 일으키기도 하고 화나 두려움, 심지어 공황상태를 불러올 수도 있다. 거짓말쟁이의 목표는 상대방을 후회하게 하고 상대방이 스스로 죄책감을 느끼게 하는 것이다. 거짓말을 하는 사람들은 이 방어적 태도를 즐겨 사용한다. 그들은 공격받은 사자처럼 반응하거나 죄 없는 양처럼 반응한다. 즉 거짓말쟁이는 분노하는 투사처럼 행동하거나 상처받은 희생자처럼 행동한다. 어느쪽을 택하든 자신의 신뢰를 위해 싸우고 다음 질문에 동의를 구한다.

"당신 날 믿지? 그렇지?"

오히려 정직한 사람들은 모욕감을 느끼지 않는다. 그럴 이유가 뭐가 있겠는가. 누군가가 회의적인 반응을 보여도 정직한 사람들은 자극을 받지 않고 양심의 가책을 받을 일도 없다.

### 표적 방어

거짓말쟁이들은 특정 주제에 대해 이야기하기를 거부한다. 거짓말쟁이들은 질문을 받는 것을 좋아하지 않는다. 그럼에도 누군가를 대면하게 되면 그들은 회피하거나 아예 공격한다. 거짓말쟁이들은 상대방이 자신에게 의도적으로 해를 입히려 한다고 비난한다. 그러면 진실을 찾던 사람은 정당성을 찾는 데 어려움을 겪거나 의심, 죄책감, 수치심에 직접 빠지기도 한다. 이런 방식으로 반응하는 거짓말쟁이와 이성적인 대화를 하는 일은 실제로 불가능하다.

**역공격하기**

"난 자기를 더 이상 믿지 않아. 당신이 날 속이고 바람을 피웠다는 너무 많은 세세한 증거들이 있어."

"아니야, 그렇지 않아. 혹시 자기가 그러는 거 아니야? 지금 자기를 보호하려고 이러는 거지? 생각해보면 내가 전화할 때 안 받는 경우가 많았어. 왜 그랬는지 궁금해지네. 당신은 저녁마다 연락이 안 돼. 당신이 나를 속이는 게 틀림없어!"

이 대화에서 연인을 속인 사람이 어떻게 창끝을 돌려세우는지 보게 된다.

"내가 그렇게 나쁜 사람이라면, 왜 너는 날 떠나지 않아?"

"넌 너무 과장하고 있어!"

"너도 알잖아. 내가 그런 일을 하지 않을 거라는 걸."

이런 말들은 의문을 제기한 사람을 의심하게 한다.


**무고한 희생양처럼**

아이가 당신의 서명을 위조해서 학교에 무단결석했다는 걸 알게 되었다. 부모는 아이와 이 문제를 두고 직접 대화해야 한다. 더 이상 무엇을 해야 할지 모르는 상황이 된 아이는 갑자기 눈물을 뚝뚝 흘리고 삶이 더는 살 가치가 없는 듯한 모습을 보인다. 대부분의 부모는 아이의 이런 슬픈 모습을 견디기 힘들다. 많은 아이들이 이 같은 전략을 활용한다. 아이들은 부모가 자신이 고통받는 모습을 볼 수 없다는 점을 알기 때문이다. 반대로 이런 행동을 보여주는 어른도 종종 있다.

### 기꺼이 돕겠다 vs 아무것도 모른다

거짓말쟁이들도 표면적으로는 종종 도움을 주는 모습을 보인다. 그들도 정보를 찾고 자료를 조사하며 진실의 흔적을 찾는 데 중요한 모든 것을 제공할 준비가 되어 있는 것처럼 보인다. 거짓말쟁이들이 중요하게 생각하는 일은 협력하려는 의지를 보여주는 것이다. 문제는 그들이 실제로 필요한 지식은 제공하지 않는다는 데 있다. 그러면서도 중요한 정보를 주는 척 행동한다. 그렇게 거짓말쟁이들은 시간을 벌고 그사이에 더 나은 안전한 대책을 찾고 이야기를 더 꼼꼼하게 만들어 거짓을 더 깊이 숨기려고 한다. 또는 이와 반대로 아주 조용하고 편안하게 아무것도 모른다고 단언하기도 한다.

---

**거짓말쟁이의 심리적 속임수**
- 거짓말쟁이들은 공감 능력이 뛰어나다.
- 조롱하거나 반어적으로 대응하며 상처를 준다.
- 죄의식을 심어주어 양심의 가책을 느끼게 한다.

- 아무 말 하지 않거나 공격하는 것으로 표적 방어한다.
- 창끝을 반대로 돌려 역공격한다.
- 자신을 무고한 희생자로 내세운다.
- 의욕적으로 도와 주려고 하지만 정말 필요한 도움은 주지 않는다.

## 속임수 복습하기

거짓말쟁이들의 중요한 어법과 심리적 속임수가 이렇게 많다. 이미 당신이 알고 있듯이 거짓말쟁이들의 말을 분석하는 일은 상당히 수고스러운 일이다. 특정한 양의 증거들이 모일 때 거짓말과 속임수에 대한 정보를 얻을 수 있다. 중요한 것은 너무 빨리 판단하지 않는 것이다. 당신 자신이 상대방이 특정 방식으로 반응하는 원인일 수도 있다는 걸 늘 염두에 둬라. 당신이 상대방을 불안하게 하고 거짓말을 드러내는 반응을 불러오는 맥락일 수도 있다.

약간의 연습으로 인지력과 감성을 키울 수 있을 것이다. 그러나 몸짓 언어와 말을 목적을 갖고 의식적으로 관찰하려면 더 많은 훈련이 필요하다. 알다시피 달인은 하늘에서 떨어지지 않는다.

이 장에서 다룬 내용을 바탕으로 다시 한번 토머스와 수전의 대화를 보자.

**토머스**  와, 와인 사 왔구나. 내가 제일 좋아하는 와인이네.

**수전**  같이 한잔하려고(공감 점수 모으기).

**토머스**  좋지. 당신이 웬일이야?

**수전**  여보, 우리 얘기 좀 해. 몇 주 전부터 당신이 힘들어한다는 거 알고 있어. 그 문제를 함께 의논하고 풀었으면 해. 나한테는 매우 중요한 일이야. 난 당신을 사랑하고 계속 그러고 싶어(안전 전략과 도움을 주는 손).

**토머스**  무슨 말이야?

**수전**  바로 본론으로 들어갈게. 당신은 내가 아직도 그 남자와 연락한다고 믿고 있어. 당신이 날 믿지 못하는 게 너무 마음이 아파. 솔직히 말해서 나와 그 사람 사이에 아무 일도 없었어(정직함을 지나치게 강조하기).

**토머스**  왜 이래? 당신이 그 사람과 잤잖아.

**수전**  내가 그 사람과 한 침대에 있었다고?(지연 기술과 미화) 말도 안 되는 얘기야. 절대 그런 일은 없었어. 뭐 이상한 일은 없었다고(격렬한 부정과 미화). 도대체 몇 번이나 말해야 해? 이러는 건 정말 피곤한 일이야(죄의식 심어주기).

**토머스**  그렇겠지. 그런데 그 신용카드 영수증은 도대체 뭐야? 하룻밤에 그렇게 많은 돈을 지불했잖아. 당신은 특급호텔에 있었고 그 호텔에서 밤을 보냈어. 그날 저녁 내내 난 당신과 연락이 닿지 않았고.

**수전**   내가 말은 안 했지만 당신 정말 너무하는 거 아니야? 어떻게 날 감시할 수 있지? 그건 신뢰를 완전히 깨버리는 짓이야. 난 당신의 신용카드 영수증을 살펴본 적이 없어(표적 방어). 만약 내가 바람을 피운다면 카드 대신 현금으로 계산했겠지. 그런 생각은 안 해봤어? 뭐 어쨌든 이미 당신한테 설명했지만 다시 한번 말할게. 그날 나는 아침에 비행기를 타고 함부르크로 갔고 아침부터 늦게까지 회의가 계속 이어졌어. 저녁에 그 남자를 만났어. 그 남자는 회사 사장이었고 내 고객이 될 수 있었던 사람이야. 상담을 위해 적당한 식당이 필요했어. 그리고 당신도 알다시피 그날 나한테는 핸드폰 충전기가 없었어. 집에 두고 갔거든. 당신도 종종 그러잖아, 그렇지 않아?(연대기적 설명, 무감정, 시간과 공간 정보 없음, 세부사항 없음, 감각적 인상이 빠져 있음)

**토머스**   (냉소적인 말투로) 좋아. 그래서 그 특별한 고객과의 저녁은 어땠는데?

**수전**   하, 너무 오래전 일이야. 상담은 좋았고, 음, 3년짜리 공동 작업에 대해 이야기했었어(감탄사 사용).

**토머스**   뭐라고? 그건 엄청난 일이었을 텐데, 당신은 마치 별일 아닌 것처럼 말하네.

**수전**   언제부터 당신이 내 일에 관심이 그렇게 많았어?

**토머스**  당신은 변했어. 살도 5킬로그램이나 빼고 머리 모양도 바꾸고 옷도 새로 샀지. 당신은 나보다 핸드폰을 더 자주 들여다봐.

**수전**  아이 참, 요즘은 자기관리가 필요하잖아. 내가 변한 게 당신 마음에도 들면 좋겠어. 솔직히 말해서 당신도 외모에 조금 신경을 쓰면 좋겠어. 물론 나는 당신의 너구리배도 사랑해(조롱). 그래도 내가 꾸미면서 우리 성생활도 다시 활발해졌잖아. 우리가 너무 섹스를 적게 한다고 생각하지 않아?(공감 점수 모으기)

**토머스**  그건 그렇지. 좋아지긴 했어.

**수전**  봐, 그게 다른 경쟁자는 있을 수 없다는 또 다른 증거야.

## ☑ 평온해지고 집중력을 높이기

편안하게 배까지 숨을 들이쉬고 다섯을 세라. 그다음에 오므린 입술로 숨을 천천히, 허파가 완전히 빌 때까지 내쉬어라. 이 호흡을 다섯 번 반복하라.

이 훈련은 우리 몸에 긍정적 효과를 준다. 심장 박동이 느려지고, 깊은 들숨은 산소 공급을 높여준다. 당신의 기억력도 자동적으로 높아져서 상대방이 하는 말을 더 잘 들을 수 있게 된다.

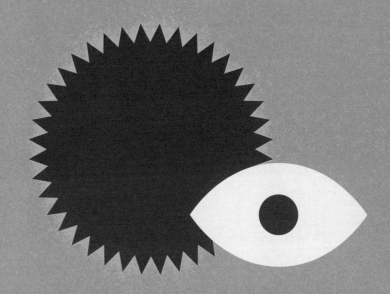

거짓말과
거짓말쟁이로부터
나를 지키는 법

우리 모두는 거짓말을 한다.

거짓말의 동기는 대부분 자기 이익을 얻으려는 것이다.

이를 뒤집어 생각할 수도 있다.

거짓말을 제대로 다룬다면

거짓말을 하는 사람보다 확실히 앞서가게 될 것이다.

# 무시할 것인가, 맞설 것인가

"어떤 사람도 비밀을 지킬 수 없다.
입술이 가만히 있으면, 손끝으로 말할 것이다."

지그문트 프로이트

"신뢰도 좋지만, 통제가 더 좋다."

이 격언은 러시아 정치인 레닌의 말로 알려져 있다. 이
격언은 검증한 것만 신뢰하라는 의미다. 이 격언에 따라 행
동하면 우리는 영원히 서로 믿지 못하거나 모든 사람과 일
을 검사하고 통제해야 한다. 불신이 규범이 되는 것이다. 이
런 사회는 상당히 피곤할 것이다. 그뿐만이 아니다. 이런
규범 아래에서는 사회적 관계에서 가장 중요한 접착제인
신뢰가 체계적으로 파괴될 것이다. 그러므로 경영 컨설턴
트 라인하르트 슈프렝어가 주장한 반대 격언이 더 낫다.

"통제도 좋지만, 신뢰가 더 좋다."

우리는 다른 사람을 신뢰해야 한다. 슈프렝어에 따르면 누군가를 신뢰하면 통제와 관리를 과감히 포기할 수 있다. 그 사람이 능력 있고 정직하며 호의적이라고 확신하기 때문이다.

> 상대방을 계속해서 불신하는 사람은 상대방의 신뢰도 얻지 못할 것이다.

그러나 신뢰에 대한 점검은 반드시 필요하다. 그렇지 않으면 다른 일들에서 의도하지 않은 문제가 생길 것이다. 우리는 타인의 행동을 평가하고 그의 행동이 정말 믿을 만한지 점검해야 한다. 다른 많은 일들처럼 신뢰와 불신도 적절한 양의 조절이 중요하다. 신뢰는 정직과 존중으로 다른 사람을 대하라는 의무를 자신에게 부과한다. 지속적인 감시와 통제는 거리감을 만들어 서로 멀어지게 한다.

먼저 당신 건너편에 있는 사람을 가능한 한 냉정한 시선으로 꼼꼼하게 관찰하라. 그는 보통 약속을 잘 지키는가? 그에게 의지할 수 있는가? 그는 당신에게 손해를 끼치려고 하지 않는가? 만약 그렇다면 모든 것이 좋다. 그러나 그가 약속을 잘 깨고 신뢰를 주지 못하며 당신이나 다른 사람에게 손해를 입힐 수 있는 비밀을 갖고 있다면 그 사람을 신뢰하는 것은 순진한 일이다.

　냉정하고 객관적인 시선은 감정이 넘치지 않을 때 가능하다. 그럴 때 당신은 격정 때문에 행동하거나 반응하지 않는다. 격정은 짧고 강렬한 감정의 동요이고, 그런 동요 중에서도 내면의 상상에 대한 반응이다. 격정이 내면에서 느껴질 때는 숨을 깊이 쉬어라. 약간의 시간이 지나가도록 하고 다시 한번 내면을 바라보라. 늘 그렇듯이 시간이 지나면 처음 생각했던 것만큼 그렇게 나쁘지는 않다.

---

**정직성과 진실**

정직성은 어떤 성격이다. 정직성에는 진실을 추구한다는 뜻이 포함된다. 진실은 어떤 실상이나 사실이며 실제를 의미한다. 어떤 사람이 솔직하게 행동하고 원래 하기로 했던 대로 행동하면 정직성이 있다고 말한다. 그에 대한 확신이 객관적으로 올바르고 진실한지는 여기서 완전히 다른 차원의 질문이다. 어떤 사람들은 자신이 받은 교육 때문에 작은 부정직함에도 양심의 가책을 느낀다. 반면 어떤 사람들은 특별히 성공한 거짓말에 대해 자신을 칭찬하기도 한다.

---

## 거짓말은 인생의 소금

비밀과 거짓말은 삶의 일부다. 적절한 양이 양념의 맛

을 낸다. 양념이 너무 많으면 못 먹을 음식이 만들어진다. 양념이 너무 적으면 심심하고 단조로운 맛이 나온다. 이 비유를 거짓말에 적용할 수 있다. 언제나 진실만을 말하면 우리 삶은 외롭고 지루할 것이다. 그러나 계속되는 거짓말은 우리를 지속적인 스트레스와 혼란 속에 빠뜨릴 것이다.

우리는 모두 거짓말쟁이다. 거짓말을 통해 이익을 얻기를 희망하면서 거짓말을 한다. 우리는 실수를 숨기고 약속을 지키지 않으며, 바람직하지 않은 행동을 감추고 벌이나 비난을 피할 수 있기를 희망한다. 많은 거짓말들은 회색지대에서 일어난다. 이 거짓말들은 용인될 수 있는 것이라는 의미다.

> *거짓말은 종종 선택의 상황에서 나온다. 정직을 지키고 이익을 포기할 것인가, 아니면 거짓말을 해서 무언가를 얻을 것인가?*

이런 회색지대 거짓말은 범법행위가 아니다. 평범한 거짓말들은 사법적 검토나 처벌을 요구받지 않는다. 물론 어떤 사람들은 평범한 거짓말쟁이 수준을 넘어서서 남에게 순전히 의도적으로 상처를 주거나 거짓말로 남을 불리하게 하려고 한다. 이미 범죄가 되는 거짓말, 즉 법을 어긴 거짓말은 당연히 제재를 받아야 한다. 모든 종류의 경제 범죄와 정치적 부패는 완전히 다른 차원의 거짓말 기술에 속하는 문제다. 이와 관련해 흥미진진한 현상이 하나 있다. 경제적 사기, 과학 연구 결과의 조작, 박사학위 표절 같은 거대한 사기가 들통 났을 때 거짓말쟁이 사기범들은 종종 악의 없는 작은 거짓말이 점점 더 커져 거대한 거짓 산이 만들어지는 과정을 보여준다. 시간이 지나면서 그들은 거짓말에 둔감해지고 언젠가부터 거짓말이 더는 아무것도 아닌 것이 되었다.

## 지나치게 정직하면 외로울 수 있다

진실을 말하면 언제나 큰 외로움에 빠진다. 자신의 생각을 솔직하게 말하는 사람들은 사랑을 받지 못하는 경우가 많다. 솔직함만을 유지하면 타인에게 상처를 줄 수 있고, 심지어 친구나 지인을 잃을 수도 있다. 이미 18세기에 독일 시인 마티아스 클라디우스는 이렇게 충고했다.

"당신의 생각을 모두 말하지는 마라. 그러나 당신이 하는 말은 늘 생각하라."

그래서 극단적인 솔직함은 예외적인 상황에서만 추천될 수 있다. 예를 들어 어떤 사람이 피해를 초래할 수 있는 잘못된 결정을 내리려고 할 때는 무조건 솔직하게 말해야 하고 그 사람을 흔들어 깨워야 한다. 이럴 때 '어떻게'가 중요하다. 상대방에게 솔직한 말을 어떻게 해야 할까? 흔히 말하듯 음색이 음악을 만든다.

### 대화를 정중하게 시작하라

만약 당신이 실수를 하려는 사람에게 경고하고 싶다면 솔직함을 다음 문장처럼 부드럽게 표현할 수 있다.

"나는 당신을 중요하게 생각합니다. 당신과 어떤 문제에 대해 함께 이야기를 하고 싶어요. 아마 보는 관점이 서로 다를 텐데 거기에 대해서도 이야기를 나누고 싶네요. 시간 좀 내줄 수 있나요?"

대화를 이렇게 시작하면 당신과 상대방은 공명 상태에 들어가게 되고 상대방은 다른 관점을 더 잘 받아들일 수 있을 것이다.

### 극단적인 솔직함

심리치료사 브래드 블랜튼은 '극단적인 솔직함 radical honesty' 이라는 개념의 창설자로 여겨진다. 이 지혜의 스승은 거짓이 인간 고통의 근본 원인이라고 생각한다. 그의 주장에 따르면 인간은 정직한 사람들에게 의존할 수 있다. 그들은 아무도 속이지 않기 때문이다. 만약 늘 진실만을 이야기하면 세상은 더 나은 곳이 될 것이고 사람들은 더 행복해진다는 것이다. 블랜튼은 모든 사람이 가면을 벗고 자신의 생각과 느낌, 즉 각자 안에 있는 것을 밖으로 끄집어내어 솔직하게 말하자고 촉구한다.

> *거짓말을 하지 않으려고 침묵을 유지하는 게 늘 쉬운 일은 아니다. 그래도 가끔은 그런 노련한 항해가 정직한 충돌보다 낫다.*

다수의 심리학자들은 극단적인 솔직함이 좋은 생각이라는 데 의구심을 갖고 있다. 끝없는 정직은 자기 주변 사람들에게 큰 상처를 줄 수 있기 때문이다. 심지어 자기 자신에게도 해를 끼칠 수 있다. 당신이 입사 지원 과정 중에 있다고 가정해보자. 결과가 좋아 보이고 당신은 최종 면접 단계에 있다. 그때 당신은 임신했다는 걸 알게 된다. 만약 당신이 극단적인 솔직함의 원칙에 따라 미래의 사장이 될 면접관에게 솔직하게 임신 사실을 말한다면, 당신이 그 직장에서 자리를 얻을 가능성이 얼마나 크다고 생각하는가? 아마도 자리를 얻지 못할 가능성이 대단히 클 것이다. 그래서 이런 경우에는 법적으로도 거짓말이 허용된다.

독일 일간지 〈쥐트도이체차이퉁〉의 기자 위르겐 슈미더는 2010년 40일 동안 완전히 진실만을 말하는 실험을 감행했다. 슈미더는 처음에는 이 실험을 지나치게 과소평가했다고 한다.

"이미 4, 5일이 지난 후 상황이 대단히 심각해지고 있다는 걸 확실히 알게 되었다. 나는 가장 친한 친구에게 구타당했고 거실 소파에서 잠을 자야 했으며 국세청에 1,700유로를 이체해야 했다."

위르겐 슈미더는 용감함 그 이상이었다. 슈미더는 자신의 부부 사이뿐만 아니라 우정 문제도 실험대에 올려놓았다. 그의 실험을 직접 승인했던 상사조차도 그를 매일 해고하고 싶었을 것이다.

### 맞서기

당신이 소위 친사회적 거짓말에 대처할 필요가 없다는 건 너무 당연한 일이다. 친사회적 거짓말을 목적에 맞게 잘 활용하라. 앞에서 언급했듯이 친사회적 거짓말은 사회의 결속을 도와주는 접착제다. 그 반대인 '맞서기'는 약속이 지켜지지 않았거나 누군가가 당신을 속였을 때, 혹은 그 때문에 당신의 평판이 떨어지거나 당신이 이용당했을 때 계획해야 한다.

구체적인 예를 들어볼까? 당신의 아이가 당신에게 거짓말을 하고, 당신의 배우자가 바람을 피우며, 지인이 급한 상황이라고 해서 빌려간 당신의 돈으로 도박을 한다. 어떤 매장의 판매원이 당신을 속이려고 하고, 보험사 직원은 당신에게 필요 없는 보험을 가입시키고, 치과의사는 당신에게 과잉 진료를 한다. 당신의 동업자는 당신 몰래 중대한 결정을 하고, 당신의 동료는 당신의 생각을 자기 것인 양 선전하고, 당신의 지인은 의도적으로 헛소문을 퍼뜨려 당신의 명예를 더럽힌다. 당신과 밀접한 사람부터 잘 알지도 못하는 서비스 제공자까지 당신을 둘러싼 모든 사람이 당신에게 거짓말을 한다! 당신은 이 거짓말들을 알아차려야 하고 결코 이 거짓말들에 의지해서는 안 된다. 상대방의 거짓말에 맞서고 당신이 받은 손해를 보상하라고 주장하라.

---

**영화 추천: 〈라이어 라이어〉**

극단적인 솔직함이 가져올 만한 심각한 상황의 또 다른 예를 원한다면, 나는 짐 캐리 주연의 〈라이어 라이어Liar Liar〉라는 영화를 추천한다. 이 영화의 주인공은 일상에서 거짓말을 일삼아 하는 사람이다. 그는 거짓말에 대한 벌로 24시간 동안 어떤 거짓말도 입에 올릴 수 없게 된다. 걱정하지 마라. 거침없는 솔직함의 결과는 혹독하지만 당연히 영화는 해피엔드로 끝난다.

# 프로파일러처럼
# 거짓을 알아차리는 기술

"거짓말은 눈덩이와 같다.
오래 굴릴수록 계속 커진다."

마틴 루터

우리 인간은 거짓말을 찾는 데 서투르다. 지금 막 사랑
에 빠진 사람들만 그런 게 아니다. 이들은 사랑에 눈이 먼
나머지 종종 거짓을 보고 싶어 하지 않는다. 변호사, 판사,
정치인, 심리치료사, 비밀정보요원과 같은 '거짓말 전문가'
조차도 많은 경험과 지식에도 불구하고 거짓말과 진실을
늘 구별할 수 있는 건 아니다. 다른 일반인보다는 낮지만
이들도 인간 거짓말 탐지기는 결코 아니다.

심리학자 폴 에크먼과 모린 오설리번은 한 연구에서 이
런 '전문가들'과 일반인들의 거짓말 탐지 능력을 비교했다.

전문가들은 모든 거짓말 가운데 64퍼센트를 알아차렸고, 일반인들은 약 50퍼센트의 거짓말만 찾아냈다. 사회과학자 벨라 데파울로는 이 연구 결과를 보면서 첫 번째 집단이 추측을 아주 잘했을 수도 있다고 논평했다. 적절한 지적이다. 전문가들의 적중률이 동전 던지기보다 조금 높은 수준이기 때문이다. 에크먼과 그의 동료들은 또 다른 연구에서 군 장교들이 73퍼센트, 심리학자들은 67.5퍼센트의 적중률을 보인다고 밝혔다. 확실히 이 두 집단은 다른 직업을 가진 사람들보다 덜 속는다. 그들은 거짓과 진실을 구별하는 법을 더 잘 배웠다.

## 즉흥적 거짓말과 구성된 거짓말

당신은 두 가지 거짓말을 알고 있을 것이다. 첫째, 즉흥적으로 진실을 숨겨야만 할 때 하는 거짓말이다. 예를 들어 오늘 고모의 생일파티에 참석할 수 없는 이유를 댈 때 재빨리 좋은 핑곗거리를 찾아야 한다. 둘째, 우리가 분명한 목표를 갖고 준비할 수 있고 구성할 수 있는 거짓말이다. 이렇게 의식적으로 구성된 거짓말은 목적에 맞게 잘 준비된다. 거짓말이 탄로 났을 때 대부분 심각한 결과를 예상해야 하기 때문이다. 즉흥적인 것이든 잘 짜인 것이든 상관없이 두 거짓말 모두 고도의 인지 능력을 요구한다.

거짓말에서 모순을 발견하려면 정교한 관찰력, 목표 지향적 분석 및 질문 기술이 있어야 한다. 만약 잠재적 거짓말쟁이의 실마리를 찾고 싶다면 상대방이 아직 생각하지 못한 영역으로 들어가야 한다. 거짓말쟁이들도 기억력과 사고력에 한계가 있다. 그러므로 저 깊은 곳에서 중요한 모순이 드러나게 마련이다.

> 표면에서는 종종 모든 것이 매끈해도 심층에서는 모순을 인식할 수 있다. 그러므로 표면 아래를 봐야 한다.

다음 상황을 상상해보라. 당신은 사장이다. 어느 날 한 직원이 자신의 개인 계좌번호와 위조된 일련번호가 들어 있는 위조 계산서를 회사 명의로 한 고객에게 보냈고 당신이 이를 알게 되었다. 당신은 충격을 받았다. 이것은 확실한 해고 사유였다. 그렇지만 계산서를 발견하지 못했기 때문에, 100퍼센트 확실한 증거는 없었다. 당신은 어떻게 하겠는가?

첫 번째 방법은 직접 그 직원을 추궁하는 것이다. 틀림없이 그 직원은 의혹을 부인할 것이다. 그러면 상황은 개선되지 않을 것이고 의심의 근거 또한 여전히 없을 것이다. 그렇지만 가치 있는 자원 하나가 이미 파괴되었다. 당신과 직원 사이의 신뢰는 깨졌다.

두 번째 방법은 그 직원에게 면담을 요청하는 것이다. 친근하고 친절한 모습을 보이면서 직원에게 분위기를 맞춘다. 이런 모습으로 직원에게 당신이 그를 이해하고 배려하며 신뢰한다는 느낌을 준다. 그렇게 당신은 목표가 분명한 기술로 조심스럽게 해명의 대화를 시작한다. 이런 부드러운 방법을 통해 당신은 우선 직원과 신뢰를 형성할 수 있고, 직원을 의식적으로 관찰할 수 있으며, 속이는 동작들을 쉽게 감지할 수 있다. 그리고 당신의 추측이 틀렸더라도 관계를 망치지 않을 수 있다.

### 논란이 되는 리드 기법

리드 기법Reid technique은 1948년 시카고 경찰관 존 리드가 개발했다. 리드 자신도 이 방법을 사용해 "가장 사나운 개들을 부수었다"고 했다. 방법은 이랬다. 리드는 도발적인 질문과 의미 없는 질문을 뒤섞어 던지며 용의자들의 신체 반응을 관찰했다.

이 리드 기법은 오늘날 FBI의 표준 신문 기술에 속한다. 리드의 신문 기술은 스몰토크로 시작한다. 여기서는 비슷한 질문 20개가 계속해서 제기된다. 이 단계의 목표는 용의자의 평소 행동인 기준선을 분석하는 것이다. 용의자가 거짓말을 한다는 확신이 들면 경찰관은 갑자기 태도를 바꾸어 용의자에게 죄가 있다고 주장한다.

"우리 수사는 당신의 죄를 분명하게 가리키고 있습니다."

이때부터 질문은 대단히 구체적이고 힘들고 불쾌하고 깊이 파고든다. 종종 '좋은 경찰과 나쁜 경찰'의 결합 전술에 따라 한 경찰은 이해심 많은 모습을 보이고 다른 경찰은 냉혹한 고발자의 모습을 보인다. 신문은 종종 몇 시간씩 걸린다. 장시간의 신문은 용의자의 스트레스 수위를 높이기 위한 방법이기도 하다. 용의자의 스트레스 지수가 올라가면서 용의자가 잘못된 세부사항에 걸려들 가능성이 높아진다. 동시에 범인을 옥죄는 명백한 증거물들이 제시된다.

"우리는 당신이 남긴 머리카락, 페인트 자국, 족적, DNA 증거, 지문을 발견했습니다."

실제로는 정황 증거만 있을 뿐이다. 용의자가 방어하면 그때는 그냥 무시하고 계속해서 죄를 추궁한다. 리드는 죄 없는 사람은 단호하게 스스로를 방어하고 정당화할 거라고 확신했다. 왜냐하면 그런 사람은 경찰관에게 이런 증거들이 없다는 걸 알기 때문이다. 반대로 죄가 있는 사람은 온순해지고 조용해질 것이다. 예상할 수 있듯이 이 강력한 신문 기법은 많은 거짓 증언을 초래했다. 그러므로 독일에서 리드 기법이 허용되지 않는 것은 놀라운 일이 아니다.

## 자백보다 정보 수집에 초점을

1990년대 전까지 독일에서도 신문의 기본은 도발과 공격이었다. 또한 용의자의 자백에만 초점을 맞추고 더 중요한 잠재적 정보들을 무시했다. 이런 신문 기법 때문에 끊임없이 잘못된 판결들이 나왔고, 추가로 다른 범인들을 더는 추적하지 못했다. 다행히도 이후 신문 기술은 계속 발전했다. 자백뿐만 아니라 중요한 정보의 수집에도 초점을 맞추게 되었다. 거짓말의 실마리를 찾고 싶다면 당신도 정보 수집이라는 방법을 마음에 새겨야 할 것이다.

> 당신이 발견한 진실로 무엇을 할 것인가? 경찰 신문과는 달리 개인 일상과 직장에서는 이 질문을 깊이 생각해야 한다.

진실의 뿌리까지 찾으려는 자리에서는 늘 냉정하고 객관적으로 대화를 시작하라. 당신이 이미 알고 있는 일에 대해서만 이야기하라. 당신의 질문은 단순하고 위협적이지 않아야 한다. 공포감을 불러오는 질문은 금물이다. 상대방이 거짓말을 할 필요 없이 대답할 수 있는 질문이 가장 좋을 것이다. 예를 들면 이런 질문들이 좋다.

"여기서 첫날 일했을 때 기분이 어땠나요?"

"개인적으로 이 제품을 어떻게 평가하나요?"

"아무개 씨와의 회의는 어땠나요?"

"오늘 학교에서 뭐했어?"

이것은 잘못을 추궁하는 질문이 아니므로 상대방은 (물론 약간의 외교적 수사법을 활용해서) 사실에 기초해 대답할 수 있다. 당신의 목표는 상대방의 기준선을 탐색하는 것이다. 그렇게 당신은 진실 탐지기를 얻을 수 있다. 기준선이라는 진실 탐지기를 통해 상대방이 얼마나 많은 세부사항을 진실하게 밝히는지 알게 될 것이다. 당신은 또한 상대방이 거짓말을 하지 않을 때 어떤 비언어적 행동을 보여주는지도 알게 된다(215쪽의 '상대방의 기준선을 탐색하라'를 보라). 우선 그 기준선을 찾아낸 다음 잠재적 거짓말과 관련된 질문을 던져라. 상대방이 이때도 많은 세부사항들을 언급하고 하는 행동이 첫 번째 질문 때와 비슷하면 아마도 거짓말이 아닐 것이다.

진실한 사람들은 작은 세부사항도 많이 설명할 수 있음을 여러 연구들이 보여준다. 진실한 사람들의 이야기 방식은 일화적이다. 즉 실제로 경험해야 들려줄 수 있는 일화들이 중심을 이룬다. 심리학자 히스콕 애니스만은 진실한 사람들이 거짓말쟁이들보다 30퍼센트 더 많은 상세 내용을 제공하는 것을 발견했다. 이야기 방식 외에도 다른 증거 지표들에 주의할 필요가 있다. 예를 들어 난감한 질문을 할 때 몸짓 언어가 그대로인지, 변화가 있는지 살펴야 한다.

## 진실을 알기 위한 대화의 준비

대화의 준비를 절대 과소평가하지 마라! 확실한 목표 속에서 수집한 정보들 덕분에 입증 가능성이 높아지거나 헛된 망상을 좇고 있었음을 깨닫게 될 것이다. 상대방을 만나 질문을 하기 전에 이미 작업을 시작하라. 시간이 지나면 기억은 희미해진다. 이미 당신에게 주어진 정보들로 문서를 작성하라. 이때 무엇이 진짜 사실이고 무엇이 추측인지를 정확하게 구분해야 한다.

> 흔히 그렇듯이 성공은 준비에 달려 있다. 좋은 준비는 이후 진행되는 모든 것의 기초다.

또한 선입견에 빠지지 않도록 주의하라. 당신은 한 동료가 기밀 정보를 자신의 지인들에게 퍼뜨렸다고 추측하고 있다. 당신은 그 동료가 과거 청년 시절에 부정한 사업에 연루되었다는 걸 알고 있다. 사실 그 과거 때문에 당신이 동료에게 선입견을 갖게 됐을 수 있다. 그 선입견 때문에 당신은 진실을 향한 시선을 닫은 채 동료의 정직함을 밝혀주는 중요 정보를 간과했을 수도 있다.

언제 어디서 대화를 하고 싶은지도 고민하라. 조용한 곳을 선택하고 편안한 환경을 조성하려고 하라. 핸드폰, 음악, 소음과 같은 방해 요소들을 피해야 한다. 상대방의 몸 전체를 볼 수 있게 주의를 기울여라. 빈 의자 두 개 혹은 소파가 가장 좋을 것이다. 그렇지만 거리를 유지하라. 두 사람 사이에 1~1.5미터의 물리적 거리가 있어야 한다. 두 사람 사이의 거리가 너무 좁으면 상대방의 비언어적 반응을 인지하기 힘들다. 그 밖에도 상대방이 당신의 메모를 볼 수 없도록 하라.

**준비해야 할 질문들**

질문들을 준비하라! 그래야 대화가 계속 이어진다. 놀라지 않고 주도권을 유지하기 위해 다양한 대답과 그 대답에 따른 당신의 반응을 미리 연습하라.

당신은 탐색적 질문을 던져야 한다. 탐색적 질문은 응답자에게 더 깊이 들어가 이야기를 확장하도록 자극한다. 즉 개방형 질문을 던져야 한다. 육하원칙 중 '왜'를 제외한 질문들이 가장 적절하다. 누가, 언제, 어디서, 어떻게, 무엇을. 이 질문들은 상대방에게 더 상세하게 이야기할 수 있는 기회를 준다. 이유를 묻는 '왜'라는 질문은 하지 마라. 당신은 일어난 일을 이해하고 파악하기를 원한다는 암시를 주어야 한다.

'예' 또는 '아니요'로 답할 수 있는 닫힌 질문도 피해야 한다. 닫힌 질문은 더 많은 정보 수집의 기회를 막는다. 풍부한 내용이 담긴 모든 대화는 알찬 준비를 요구한다. 대화를 미리 잘 준비할 때 대화의 주도권을 오랫동안 유지할 수 있을 것이다.

## 상대방의 기준선을 탐색하라

스몰토크로 대화를 시작하라. 많은 사람들이 곧바로 주제로 가는 대화법에 상처를 받는다. 미리 너무 감정적이지 않은 질문들을 생각해두자. 당신은 지금 한 직원이 매달 화장지를 몇 통씩 훔쳐가는 게 사실인지 확인하고 싶다. 그 직원을 호출한 후 무난한 질문으로 대화를 시작하라. 오늘 어땠어요? 요즘 어떻게 지내요? 가족들은 어때요? 오늘 마무리 지어야 할 일이 뭔가요?

이 단계의 목표는 평상시 어법과 몸짓 언어를 분석하는 것이다. 모든 사람은 각자 고유한 언어습관, 몸짓, 표정이 있다. 이 고유한 특성을 의식적으로 인지할 필요가 있다. 이 작업을 위해 뒤에 나오는 '기준선 탐색하기' 표를 살펴보라. 당신은 상대방이 긴장 없이 편안한 상태에서 대화할 때 보여주는 평범한 행동방식을 미리 인식해야 한다. 평범한 상태에서 보이는 상대방의 특성과 반응을 인식한 후에야 당신은 거짓말의 실마리를 찾을 수 있다. 머리부터 발끝까지 살펴보라. 그의 표정은 어떤가? 그 사람의 태도는? 손은 어떻게 움직이는가? 발은? 그다음 그의 목소리를 들어보라. 어떻게 말하는가? 그의 목소리는 어떤가? 말하는 속도는 어떤가? 그가 설명하는 방식은 어떤가?

이처럼 당신은 먼저 상대방의 기준선을 인지해야 한다.

그렇지 않으면 거짓말을 알려주는 신호들, 즉 평상시와 다른 이상한 행동을 알아차릴 수 없다. 기준선을 인지하기 위해서는 상대방을 주의 깊게 관찰하는 동시에 상대방과 상호작용하는 연습이 조금 필요하다. 이 관찰법의 장점은 상대방에게 주목받는 느낌을 준다는 것이다. 상대방은 누군가가 온전히 집중하면서 자신의 말을 경청하는 느낌을 받는다.

## 카멜레온 효과

성공적인 의사소통을 원한다면 먼저 상대방과 공명을 이루어야 한다. 즉 우선 친밀한 관계가 형성되어야 한다. 이런 관계가 우선 만들어지지 않으면 아무것도 얻지 못한다. 이런 친밀한 관계에 대해 '라포rapport' 혹은 '카멜레온 효과'라고 부른다. 비언어적 공명이 힘이다! 공명을 만드는 일, 하나의 '파장' 안에 존재하는 일은 자연스러운 일이다. 사람 사이의 공명은 이미 수십 년 전에 정신과 의사이자 심리학자, 심리치료사, 최면최료사인 밀턴 에릭슨이 해명한 바 있다.

상대방의 기준선을 탐구하는 동안 상대방의 신뢰감도 높여야 하고 공감하고 이해하는 반응도 보여주어야 한다.

상대방에게 자신을 맞추고 상대방과 함께 공명 상태로 들어가야 한다. 이 공명은 언어적 화음과 비언어적 화음을 통해 만들어진다. 특히 비언어적 화음이 중요하다. 당신의 몸짓 언어를 상황과 대화 상대방에게 맞추고 그 사람과 비슷하게 행동하라. 상대방의 몸짓 언어와 동기화되는 몸짓 언어를 연습하라. 동기화된 몸짓 언어가 무의식적 공감을 형성해줄 것이다.

> *사람들은 자신과 비슷한 사람을 좋아하거나 자신이 되고 싶어 하는 사람을 좋아한다.*

대부분 무의식적으로 일어나는 이런 거울 효과는 대화 상대방의 몸짓, 표정, 자세, 목소리, 호흡의 흉내 내기에서 생겨난다. 보통 우리는 사람들이 하나의 파장 안에서 서로 연결되어 움직이고, 서로 신뢰하는 곳에서 카멜레온 효과를 만난다.

술집을 생각해보라. 분명히 당신은 술집에서 서로 좋아하는 사람들이 비언어적으로 동기화되는 모습을 관찰한 적이 있을 것이다. 한 사람이 앞으로 몸을 기울이면 상대방도 똑같이 앞으로 몸을 기울인다. 누군가가 잔을 잡으면 대화 상대방도 그렇게 한다. 누군가가 고개를 끄덕이면 대화 상대방도 같은 속도로 끄덕인다.

거울 효과는 신경언어적 프로그램에서 나오지만 대화 상대방과 긍정적이고 신뢰 넘치는 관계를 더 빨리 만들기 위해 의식적으로 사용할 수도 있다. 비법은 상대방이 모르게 거울 효과를 내는 것이다. 만약 상대방이 당신이 의식적으로 거울 효과를 시도하는 걸 알아차리면 당신은 신뢰하기 힘든 사람처럼 보일 테고 불신이 대화를 지배하게 될 것이다.

### 공명 혹은 라포의 단계

당신은 미러링$^{mirroring}$, 페이싱$^{pacing}$, 라포 등의 방법을 활용해볼 수 있다.

- **미러링:** 태도, 몸짓, 호흡, 표정, 움직임 혹은 무게중심, 근육의 긴장까지 상대방에게 맞춰라. 당신은 거울처럼 행동하라. 당신이 볼 수 있는 것 가운데 당신에게 맞는 것을 반영하라. 비언어적 거울에서 시작하라.
- **페이싱:** 당신의 행동을 상대방에게 더욱 맞춰라. 그렇게 해서 대화나 행동의 속도를 받아들인다. 여기에 반영될 수 있는 영역은 무척 다양하다. 호흡, 움직임의 규칙적인 변화, 말하는 속도, 단어 선택 혹은 말하는 양식도 중요하다. 여기서 주의해야 할 점이 있다. 존중을 담은 반영을 가장 우선시해야 한다. 상대방이 자신을 거울처럼 흉내 내는 당신의

모습에서 진지하다는 느낌을 받지 못하면 당신은 실패한 것이다.

- **라포:** 이 단계에서 거의 완전한 언어적, 비언어적 대칭이 만들어진다. 라포의 목표는 말과 몸짓 언어가 같은 파장 위에 있는 수준에서 상대방과 대화하는 것이다.

신경과민과 공격성에는 주의하라. 상대방이 극도로 긴장하는 모습을 보일 때 나타나는 초조한 움직임은 따라 하지 마라. 이럴 때는 의식적으로 정확히 반대 움직임을 보여야 한다. 더 부드럽고, 더 천천히, 더 조용하게 말하고, 안정된 몸짓 언어와 조용한 손동작을 보여라.

이 같은 원리는 공격적인 행동에도 적용된다. 상대방의 몸에서 긴장감이 높아지는 걸 느꼈는가? 당신을 응시하는 눈길, 꽉 쥔 주먹, 불타는 눈이 감지되면 먼저 의식적으로 거리를 두고 공간을 넓혀라. 긴장을 '가라앉힐' 자유 공간을 만들기 위해서다.

일부러 상대방을 도발할 수도 있다. 직접 신문하는 단계에서는 상대방을 당황하게 하려고 도발 전략이 의식적으로 사용될 수 있다. 그러나 초기 단계에서 이런 공격은 보통 역효과를 낸다.

상대방이 더 많은 공간이나 더 넓은 거리를 원하는가, 아니면 당신이 상대방에게 더 다가가도 될 것 같은가? 이

를 판단하고 상대방이 원하는 영역에 자신을 맞추는 것도
중요하다.

---

**미러링은 어떻게 할까?**

결코 모든 것을 반영할 수는 없다. 그것은 흉내 내기일 뿐이다!

선택적 반영이 황금률이다. 당신에게 맞는 행동만 받아들여라.

그리고 언제나 시간차를 두고 반영하라. 대화를 시작할 때 먼저

몸짓 언어에서 나오는 행동을 받아들여라.

---

**연습**

---

## ☑ 역방향으로 설명하기

먼저 상대방에게 자신의 이야기를 세세하게 설명하게 한다. 당신은 그의 이야기를 주의 깊게 듣는다. 그런 다음 당신은 심리학자 히스콕 애니스만의 조언을 따라 다음과 같이 제안한다.

"다시 한번 그 상황을 복기해주면 좋겠어요. 그때 일어났던 작은 세부사항들도 함께 설명해주세요. 다만 이번에는 그 과정을 역방향으로 설명해주세요."

거짓말을 하는 사람은 역방향으로 설명하게 되면 혼란에 빠지게 될 것이다. 이 방법을 10대들에게 한번 써보라. 만약 10대 자녀가 자주 늦게 귀가하거나 엉뚱한 짓을 하는 건 아닌지 알고 싶다면 이 불편한 방법을 이용해 진실의 실마리를 잡을 수 있을 것이다.

---

## ☑ 기다리게 하기

일부러 미리 알리지 않고 아주 늦게 대화의 장소에 도착하라. 이때 질문을 받을 상대방이 보여주는 첫 모습에 주목하라. 잘못이 없는 사람은 보통 오히려 긍정적이고 기분 좋은 모습을 보인다. 그는 이 자리를 통해 의혹을 해소할 수 있기 때문이다. 심지어 그는 친절하게 당신의 지각을 지적하기도 할 것이다. 잘못이 있는 사람은 처음에 당신이 온 것을 전혀 의식하지도 못한 채 깊은 생각에 잠겨 있을 것이다.

## ☑ 눈에 띄지 않게 관찰하기

자신이 관찰받고 있다는 걸 알게 되면 대부분 사람들은 행동을 바꾼다. 그러므로 눈에 띄지 않게 관찰하는 게 중요하다. 파노라마 시선을 활용하라. 상대방의 얼굴을 응시하고 동시에 얼굴 외에 몸 전체에서 보여주는 비언어적 신호들도 인지하라. 인간의 시야 범위는 수평으로 180~200도, 수직으로 약 130도다. 발끝을 보기에도 적절한 시야 범위다. 상대방의 몸 전체를 보기 위해 1~1.5미터의 거리를 두어라. 이 방법은 약간의 연습이 필요하다. 모든 대화에서 눈에 띄지 않는 관찰법을 연습하라.

"거짓말쟁이들은 특별한 질문에 재빨리 대답한다.
당시의 감정적 경험이 뇌 안에 깊이 자리 잡았고
바로 불러올 수 있기 때문이다."

모니카 마트쉬니히

진실의 실마리를 찾기 위해서는 상대방에게 신호를 보
낼 수 있어야 한다. 당신이 중립적이고 진실을 밝히는 것만
을 목표로 삼고 있다는 신호 말이다. 처음에는 비난을 삼
가라. 상대방이 마음의 문을 닫을 가능성이 매우 높다. 상
대방에게 우선 안전하고 당신이 경청하고 있다는 느낌을
주어라. 존중하는 자세로 대하라. 그럴 때 목표에 더 잘 도
달할 것이다.

## 질문하는 자가 주도한다

신문할 때 사용되는 질문들은 대단히 공격적이어야 한다. 편안한 질문이나 의례적인 질문을 생각해서는 안 된다.

"몇 시예요?"

"얼마나 남았어요?"

"마지막 부분이 이해가 안 되네요. 다시 한번 설명해주시겠어요?"

"잘 지내?"

이런 질문들은 공격적인 질문이 아니다.

의심을 받는 이유는 무언가를 알고 있기 때문이다. 그래서 질문을 받는다. 질문은 대답을 강요한다. 이런 상황을 응답자도 알고 있으므로 대단히 조심스럽게 대답한다. 아이들을 생각해보라. 아이들에게 "초콜릿 먹었어?"라고 물으면 아이들은 꾸중을 피하려고 거짓말을 할 것이다.

답변을 거부하면 불친절하다고 여겨진다. 또는 이렇게 생각되기도 한다.

'뭔가 뒤에 숨기고 있구나.'

여기서 '왜'라는 질문은 거짓말쟁이에게 뭔가 부정적인 것을 떠올리게 한다. 처음에는 '어떻게'나 '무엇'을 묻고 '왜'는 고려하지 않는 것이 항상 더 좋다. '왜'라는 질문은 동기 혹은 의혹을 따질 때 던져야 한다. 질문은 비록 귀찮은 일이지만 다음 격언은 유효하다.

"질문하는 자가 주도한다."

질문은 자연스럽게 위계질서를 낳는다. 질문자가 응답자를 이끈다. 질문자가 응답자보다 우위에 선다. 그러나 질문이 거짓을 밝혀내는 유일한 방법은 아니다. 다른 경고 신호에도 주의하라. 강도 높은 신문은 거짓말쟁이에게 정신적 과부하를 준다. 이럴 때 거짓말쟁이가 잘못 진술할 가능성이 높아지고, 당신은 그 오류를 발견할 수 있다.

좋은 질문의 기술은 답을 알고 있는 것이다! 그럴 때 상대방이 숨기고 있는 이야기를 상대방의 입을 통해 듣게 될 가능성이 높아진다. 신문 전문가들은 보통 대화를 이끌어가고 대부분의 상황에서 조작에 능하다. 그러므로 신문 기술을 개인 영역에서 활용할 때는 주의가 필요하다.

뛰어난 협상전문가 잭 내셔는 질문 기법을 집중적으로 다루었다. 우리는 여기서 내셔가 제시하는 최고의 기술 몇 가지를 자세히 살펴볼 것이다.

## 섬광 기억: 목표가 분명한 질문

당신에게 던지는 질문 하나. 당신은 2020년 4월 23일 토요일에 무엇을 했는가?

한번 생각해보라. 생각했다고? 뭘 했는지 기억이 나는가? 아주 소수의 사람만이 이 질문에 대답할 수 있다. 그리고 아주 특별한 사건이 있었던 날이라면 대답할 수 있다. 당신도 그때가 코로나19 위기가 불러온 첫 번째 봉쇄 기간쯤이라는 것은 어렴풋이 기억할 수 있을 것이다. 아마도 봉쇄가 시작되던 날에 무엇을 했는지는 정확하게 기억할 것이다. 그렇지 않은가? 어쩌면 당신은 화장지 혹은 파스타를 구매했을 것이다. 그리고 뉴욕의 쌍둥이 빌딩이 테러 공격으로 무너지던 날, 당신은 어디에 있었는가? 대부분 사람들은 그날 어디에 있었는지 자세히 묘사할 수 있다. 이것이 소위 '섬광 기억'이다. 특별한 사건과 그 사건을 체험했던 상황에 대한 생생하고 상세한 기억 말이다.

> 감정에 부정적인 영향을 주는 사건들이 긍정적이고 편안했던 경험들보다 뇌에 더 강하게 자리 잡는다.

흥미로운 점은 긍정적인 기억이 더 빠르게 망각되고 조작된다는 것이다. 심리학자 아네테 본과 도르테 베른트센은 연구를 통해 기억의 생생함과 상세함은 관련 사건이 긍정적 감정을 불러오는지, 부정적 감정을 불러오는지에 따라 달라진다는 것을 발견했다.

두 사람은 이 주제를 동독의 베를린 장벽 붕괴와 관련

시켜 연구했다. 장벽의 붕괴가 기뻤던 사람들은 자신의 감정은 생생하게 잘 기억했지만, 사실에 대해서는 기억력이 떨어졌다. 장벽 붕괴에 기뻐했던 사람들이 밝힌 몇몇 기억은 단순한 상상에 근거했다는 점도 추가적으로 밝혀졌다. 기억의 왜곡이 일어났던 것이다. 이들과 반대로 장벽의 붕괴를 부정적으로 평가했던 사람들은 사실관계와 정보를 상당히 잘 기억했다. 장벽 붕괴를 긍정적으로 기억하는 사람들은 문제 해결을 위해 크게 노력할 필요가 없었기 때문에 사실에 대해 적게 기억할 수밖에 없다는 게 이 현상에 대한 설명이다.

우리는 부정적인 기억보다는 긍정적인 기억을 훨씬 즐겨 이야기한다. 그리고 이때 대부분의 경우 무언가가 첨가된다. 부정적인 경험을 할 때 우리 뇌는 긴장과 스트레스 상태가 된다. 우리는 그 주제와 씨름해야 하고, 문제를 분석하고 정리해야 하며, 문제들에 우선순위를 매기고 부차적인 세부사항까지도 고려해야 한다. 보통 특정 한계치를 넘어서는 경험들이 섬광 기억이 될 수 있다. 섬광 기억은 우리 뇌의 감정 센터인 편도체가 담당한다. 편도체는 경험의 위험 정도를 조사하고 경험에 감정의 색을 입힌다.

이 새로운 사실이 진실의 발견과 어떤 관계가 있을까? "10월 14일 오후 4시에 무엇을 했습니까?"라는 구체적인 질문을 던졌을 때 질문을 받은 사람이 섬광처럼 대답한다면, 당신은 그 사람을 의심해봐야 한다. 그 사람은 질문에 대비했던 것이다. 그날 그 사람에게 특별한 일이 있었다는 증거다. 응답자가 그날 아무 일도 하지 않았다면 기억은 희미해졌을 것이고, 기억이 천천히 떠오를 때까지 생각할 시간이 필요했을 것이다. 마찬가지로 "돈을 훔쳤습니까?"와 같은 질문을 던졌을 때 즉시 "아니요"라고 답하면서 "어떻게 그런 생각을 할 수 있어요?"와 같은 반문을 덧붙이는 경우도 조심해야 한다. 이런 지연 전술이 나오면 당신은 경고등을 켜야 한다.

---

**수다쟁이 다시 보기**

풍성하게 이야기를 풀어놓는 거짓말쟁이들이 있다. 그들의 이야기는 대단히 생생하고 감동적이면서 믿을 만하게 들린다. 어떤 질문에도 그들은 상세하게 답변을 한다. 그들의 이야기는 얼핏 들으면 그럴싸하게 들리지만, 자세히 경청하면서 정확하게 되물으면 구체적인 세부사항이나 정보, 사실이 빠져 있음을 알 수 있다.

---

## 파블로프의 반응을 일으키는 질문

파블로프의 조건 형성 실험은 세계적으로 유명하다. 당신도 이미 알고 있을 것이다. 러시아 심리학자 이반 파블로프는 실험실 개들에게 먹이를 줄 때마다 종을 쳤다. 그 결과 개들은 종을 칠 때마다 먹이를 주지 않아도 침을 흘리게 되었다.

신경학 교수 제이 고트프리드와 런던에 있는 인간 신경 영상을 위한 웰컴 센터Wellcome Centre for Human Neuroimaging 동료들은 자발적 피험자들을 대상으로 이 실험을 반복했다. 실험 참가자들은 한 추상화를 볼 때마다 바닐라 향기를 맡았다. 나중에 그 그림을 보면서 참가자들은 바닐라 향기를 맡고 싶은 욕구를 느꼈다.

미국의 심리학자이자 행동주의 심리학의 창시자라 할 수 있는 존 왓슨은 파블로프의 실험을 인간에게 적용했다. '어린 앨버트 실험'으로 불리는 이 실험도 세계적으로 알려져 있다. 왓슨은 이 실험에서 인간의 공포심을 조건 형성화할 수 있는지 확인하고 싶었다. 실험을 시작할 때 아기 앨버트는 실험쥐를 무서워하지 않았다. 실험이 시작된 후 앨버트가 실험쥐를 볼 때마다 연구원이 앨버트의 뒤에서 망치로 쇠막대기를 때렸다. 그 소리는 시끄럽고 불쾌했다. 이 과정을 몇 번 반복한 후 앨버트는 실험쥐를 보기만 해도 울음을 터뜨렸다. 아쉽게도 앨버트는 이 조건을 소거(반대 조건 부여)하기 전에 병원을 떠났고, 이 실험 때문에 생긴 신경증으로 평생 시달렸다.

이 모든 실험은 인간이 자신에게 중요한 자극을 만나면

물리적으로 반응한다는 사실을 증명했다. 거짓말쟁이들도 종종 자신에게 중요한 자극에 이런 반응을 보인다. 이런 상황을 가정해보자. 당신은 당신의 10대 아이가 당신의 지갑에서 자꾸 돈을 꺼내 간다고 추정한다. 이때 그 추정을 확인하고 싶다고 이렇게 묻지 마라.

"엄마 지갑에서 돈을 꺼내 갔니?"

이렇게 말하는 대신 이 문제와 간접적으로 연결된 질문을 해보라.

"일주일에 용돈이 얼마나 필요하니?"

아이가 아무런 잘못도 하지 않았다면 편안하게 대답하면서 질문 뒤에 숨겨진 뜻이 있는지 전혀 추측하지 않을 것이다. 그러나 아이가 들켰다는 느낌이 든다면 몇 초 후에 어떤 모순된 행동을 보일 것이다. 아이는 숨을 고르고 움찔하거나 긴장된 모습을 보일 것이다.

또 다른 상상을 해보자. 남편이 지난밤에 당신이 모르는 특별한 식당에서 다른 여자와 함께 있었던 것 같다. 이렇게 물어보라.

"당신 아무개 식당 알아?"

그리고 어떻게 반응하는지 관찰하라. 냉정과 평정을 유지하는가, 아니면 행동에 변화가 있는가? 행동에 변화가 있다면 계속 질문하라.

## 질문을 멈추지 않기

끊임없이 질문하기는 신문의 고전적 방법이다. 당신은 이 방법을 범죄 수사 드라마들을 통해 잘 알고 있다. 수사관들은 계속해서 묻고, 거짓말쟁이는 가장 완벽한 시점에 자신의 거짓말 그물에 걸려서 스스로 함정에 빠진다. 뛰어난 거짓말쟁이는 많은 세부 내용을 생각한다. 그러나 모든 걸 생각하지는 못한다.

질문을 많이 던지면 거짓말쟁이의 입장에서는 새로운 것을 만들어내야 할 지점들이 더 많아진다. 새로 만든 내용은 당연히 자신의 원래 이야기와 아귀가 잘 맞아야 한다. 잭 내셔는 거짓말쟁이가 말하게 하는 것이 중요하다고 강조한다. 거짓말쟁이에게 자신이 구성한 거짓 이야기를 펼쳐놓을 시간을 제공해야 한다. 당신은 그 이야기를 귀담아들어라. 그 이야기가 연대기적 순서로 잘 정돈되어 있고 긴 서론, 짧은 본론, 아주 짧은 결론으로 구성되어 있는가? 그렇다면 계속해서 탐색하라. 같은 질문을 반복하되 다른 형태로 던져라. 사전에 같은 질문을 다양한 방식으로 물어보는 연습을 해야 한다.

## 동기나 용의자를 묻는 질문

거짓말의 동기는 다양하다. 사람들은 자신에게 유리한 환경을 만들기 위해, 이익을 얻기 위해, 더 많은 인정을 받기 위해, 다른 사람에게 의식적으로 손해를 입히기 위해, 자신의 욕구를 채우기 위해, 혹은 두려움과 처벌을 피하기 위해 거짓말을 한다. 어느 날 당신은 재고를 조사하면서 비싼 제품 다섯 개가 빈다는 것을 알게 되었다. 당신은 의심이 가는 두 명의 직원과 면담을 한다. 이때 당신은 '이유'를 탐색하려고 동기를 묻는 질문을 던진다. 누군가가 그 제품을 가져간 이유는 무엇일까? 여기서 중요한 것은 '부드럽게' '왜'라는 질문을 던지는 것이다. 이를 위해 당신 대신 가상의 인물을 질문 속에 등장시킨다. 이렇게 질문할 수 있을 것이다.

"누군지 몰라도 그 사람은 이 비싼 물건 다섯 개를 왜 가져갔을까요?"

죄가 없는 사람은 당신에게 도움을 주려고 하고 동기를 함께 찾아보려고 할 것이다. 경제적 어려움, 어이없는 일 처리, 재고 관리의 문제, 배송 과정의 실수 등을 추측할 것이다. 또한 죄가 없는 사람은 범인을 찾는 데도 도움을 주고 눈에 띄는 직접적인 단어들을 사용한다. 그는 '훔치기', '절도', '도둑질', '처벌', '즉각적인 징계', '해고' 등을 언급할 것이다.

이와 반대로 죄가 있는 사람은 도움을 주지 않는다. 오히려 이런 대답들을 할 것이다.

"모르겠습니다."

"그걸 제가 어떻게 알겠습니까?"

그리고 그는 거칠고 눈에 띄는 단어로 그 행위를 단죄하는 대신, 크게 문제는 안 되지만 명예를 떨어뜨리는 행동이라는 정도로 그 일을 미화할 것이다.

동기를 묻는 질문을 한 뒤에는 의심되는 사람이 누구인지 묻는다.

"혹시 누가 그랬는지 짚이는 게 있나요? 떠오르는 사람 없어요? 비밀을 지킬 테니 조용히 말해줘도 됩니다."

죄가 없는 사람은 어떻게 할까? 그는 숙고할 것이고 떠오르는 이름도 언급할 것이다. 추측의 근거들을 제시하려고 노력할 것이다. 하지만 죄가 있는 사람은 이러지 않는다. 그는 모른 척할 것이다. 죄가 있는 사람의 목표는 전체 문제와 거리를 두는 것이므로 포괄적인 대답을 할 것이다. 당연히 용의자의 범위를 넓게 유지하고 싶기 때문이다.

**확실하게 믿을 수 있는 사람 묻기**

그다음 당신은 창끝을 거두고 보증할 만한 사람을 묻는다.

"당신이라면 누구를 확실하게 믿겠어요? 당신이 보기에 확실히 아닌 사람은 누구인가요?"

죄가 없는 사람은 용의자를 묻는 질문을 받았을 때와 비슷하게 반응하고 이름도 언급한다. 반대로 죄가 있는 사람은 이름을 언급하지 않고 회피 전략으로 반응할 것이다.

"사장님도 아시겠지만 요즘에는 누구도 완전히 믿기는 힘들죠."

"누구나 범인이 될 수 있고, 그 누구도 범인이 아닐 수 있죠."

죄가 없는 사람은 이 주제로 이야기하기를 좋아하고 조사에 도움을 주려고 한다. 하지만 죄가 있는 사람은 구체적이지 않은 대답을 하고 조사를 의도적으로 미궁에 빠뜨리려고 한다.

## 양심의 가책 키우기

이 기법은 특히 가까운 사람들에게 아주 잘 먹힌다. 물론 그들이 당신에게서 무언가를 느끼고 양심 같은 것을 알고 있을 때 그렇다! 당신의 남자친구는 주말에 한 세미나에 참석한다고 하면서 여행을 갔다. 우연히 당신은 남자친구가 주말에 실제로는 친구들과 파티를 했다는 것을 알게 되었다. 남자친구와 대화를 하고 싶다면 먼저 그의 양심에 호소하라.

"자기도 알다시피 난 자기를 사랑하고 믿어. 나는 정직을 아주 중요하게 생각해."

그러고 나서 주말에 진짜 어디 있었냐고 물어보라. 죄책감과 양심의 가책은 거리를 두려는 몸짓 신호 같은 걸로 알아차릴 수 있다. 죄책감을 느끼면 상대방은 당신과 눈을 계속 맞추지 못하고, 상체를 돌리거나 평소보다 당신과 거리를 더 두며, 발끝은 도망자의 다리가 되어 당신에게서 멀어져 있다. 다만 자신이 도덕적으로 옳다고 생각하는 사람에게는 이 기술이 도움이 되지 않을 것이다.

실제로 당신이 생각하는 것보다 많은 사람이 깨끗한 양심을 갖고 있다. 비록 행동은 따라가지 못하지만 말이다. 그들은 내면의 균형을 유지하기 위해 자기를 정당화한다. 그들은 세무당국을 속인다. 어쨌든 지금 많은 세금을 내고 있고 누구나 그렇게 하기 때문이라고 정당화한다. 보험회사 직원들은 고객에게 불필요한 보험을 가입하게 하는 것이 업무의 일부라고 생각한다. 바람을 피우는 사람들은 어떻게든 성욕을 채워야만 한다고 해명한다. 사람들은 이처럼 자기 정당화에 익숙하다.

면담을 끝내면서 의도적으로 면담이 끝났다고 분명하게 말하라. 이 말을 들은 후 보여주는 상대방의 행동을 아주 면밀히 관찰하라. 이 순간에 상대방의 행동에 큰 변화가 있으면 당신은 그를 의심해야 한다. 마비된 듯 과묵하게 있다가 면담이 끝난 후 갑자기 폭포수처럼 말을 쏟아내는 사람이 있다면 의심해야 한다.

## 사실을 따지는 질문

당신의 직원은 교육을 위해 스톡홀름에 다녀왔다. 그런데 그 직원은 당신이 미리 돈을 낸 연수 프로그램에 참석하는 대신 멋진 시티투어를 한 것 같다. 이런 의심이 들 때는 연수 프로그램의 세부사항을 의도적으로 물어보라. 연수는 어땠는가? 가장 마음에 들었던 강사는? 그 강사는 어디서 왔는가? 언제 그 강사가 강연을 했는가? 강연의 내용은 무엇이었는가? 연수는 얼마나 걸렸는가? 어떤 증명서를 받아왔는가?

중요한 것은 당신이 직접 미리 정보를 모으는 것이다. 세부사항을 묻는 질문에 일반적이고 구체적이지 않은 대답만 이어진다면 당신은 문제가 있다는 걸 알게 될 것이다. 반면 구체적 사실들로 대답하면 그 직원은 진실을 말한 것이다. 직원이 이미 모든 것을 보고했는데도 여전히 불확실하다면 좀 더 깊이 파본다. 시간대를 앞뒤로 옮겨가면서 더 자세한 내용을 질문하라.

"점심시간에 쉬면서 뭘 했나요?"

그다음 점심시간 전으로 돌아간다. "처음에 어떻게 등록했어요?" 또는 "강연장에 처음 들어갔을 때 느낌이 어땠어요?"라고 물어본다. 진실을 말하는 사람은 문제없이 앞뒤를 넘나들 수 있다. 반면 이야기가 거짓으로 구성되어 있을 때는 질문들에 대한 대답들이 서로 잘 맞지 않는 것처럼 들리고, 직원의 비언어적 반응들이 변할 것이다. 만약 같은 이야기를 하면서 늘 같은 단어를 사용한다면 그 사람은 당신에게 뭔가를 거짓으로 말하는 것이다.

## 진실한 이야기 들려주기

당신은 식당 하나를 운영하고 있다. 이 식당에는 팁으로 받은 돈을 직원 전체가 똑같이 나눈다는 원칙이 있다. 그런데 당신이 보기에 한 직원이 거의 모든 팁을 자기 주머니에 넣고 있는 것 같다. 이 주제를 다루기 위한 직원과의 대화는 다음처럼 시작할 수 있을 것이다.

"난 이미 아주 오랫동안 이 식당을 운영했고 팁을 자기가 갖는 직원을 자주 경험했어요. 이해할 만한 일이라고 생각해요. 그 직원은 고객에게 친절한 서비스를 하려고 특별히 노력했기 때문이죠. 갑자기 그런 기억이 나네요."

> *상대방의 행동을 이해하는 모습을 보여주면서 관계를*
> *형성하라. 그럴 때 그들은 자신의 잘못을 더 쉽게 털어*
> *놓는다.*

이 기법은 법과학자이자 신문 전문가인 크리스토퍼 딜 링햄으로 거슬러 간다. 상대방을 이해하는 척하고 상대방과 비슷한 가치를 공유하는 척하라. 상대방과 신뢰 넘치는 관계를 만들면 자백을 얻기가 더 쉬워진다. 이런 관계를 언어적, 비언어적으로도 만들려고 하고 라포 상태로 들어가라. 이 방법이 효과가 없을 때 두 번째 방법을 시도하라. 당신은 이제 나쁜 경찰이 되고 대단히 직접적으로 캐묻는다.

"솔직히 밝히세요! 당신이 계속해서 팁을 당신 호주머니에 챙긴다는 걸 알고 있어요. 진실을 말하세요. 그렇지 않으면 내가 진실을 보여줄게요. 큰 문제 없이 함께 좋은 해결책을 찾을 수 있는 기회가 아직까진 있어요. 자, 어떻게 할 거예요?"

두 가지 방법에서 공통적으로 중요한 것은 당신의 발언 뒤에 나오는 상대방의 비언어적 신호들을 집중해서 관찰하는 일이다. 죄가 없는 사람은 강렬하게 자신을 방어할 것이고 반응은 격렬할 것이다. 또한 그 사람은 자신의 무죄를 주장하는 일에 피곤을 느끼지 않는다. 죄가 있는 사람은 의심이 들게 하는 작은 신호를 보여준다. 꼭 다문 입술을 오므리고, 눈 깜박이는 횟수가 바뀌며, 자세가 마비되거나 적응 반응을 드러낼 것이다.

### 거짓말 탐지기

거짓말 탐지기의 배경이 되는 생각은 단순하다. 거짓말을 하는 사람은 긴장한다. 스트레스 반응은 신체적 변화에서도 드러나고, 특히 피부 전도도electrodermal activity, 즉 피부의 전기 저항력이 단기간에 변한다. 거짓말을 하는 사람은 땀을 흘리고 맥박수가 올라가며 호흡이 불규칙해지거나 가빠진다.

그런데 거짓말 탐지기는 증거로는 사용되지 않는다. 거짓말 탐지기의 결과는 법적 증거로는 허락되지 않는데 오류 가능성이 높기 때문이다. 체계적인 질문 기법을 사용하지 않은 거짓말 탐지기의 결과는 가치가 없다. 인정받는 질문 기법은 두 가지다.

첫째, '유죄 지식 검사'다. 몸은 신뢰하고 아는 정보에 새로운 정보와 다르게 반응한다. 바로 이 검사의 기초 원리다. 이 검사에서는 용의자에게 범인만 알 수 있는 정보를 보여준다.

둘째, '비교 질문 검사'다. 용의자가 말하고 싶어 하지 않고 강한 신체 반응을 일으킬 범죄 관련 질문들을 꼼꼼히 준비한다. 그다음 범죄와 직접 관련이 없는 비교 질문들을 던진다. 범인은 범죄 관련 질문에 더 강하게 반응하고, 범인이 아닌 사람은 비교 질문에 더 강한 반응을 보인다는 게 이 검사의 기본 가정이다.

거짓말 탐지기는 명백한 사실이 아닌 해석과 평가의 단서를 제공한다. 그런데 능숙한 사람은 거짓말 탐지기를 속일 수도 있어서 거짓말 탐지기의 사용은 계속 논란이 되고 있다.

## 미끼 질문

---

당신은 남편의 핸드폰 메시지를 읽었다. 의도적이었는지, 우연히 읽었는지 여부는 중요하지 않다.

"너무너무 멋지고 좋았어요. 다음 만남이 벌써 기다려지네요."

하트와 키스하는 입술 이모티콘, "당신의 A. G."라는 약어가 메시지 끝에 붙어 있었다. 너무 명백하지 않은가? 이처럼 명백하고 절대 오해할 여지가 없는 메시지를 읽고 나면 어떤 반응이 나올까? 그렇다! 감정이 폭발한다! 남편은 준비한 거짓말을 할 수도 있다. 덧붙여 심리적 속임수를 위한 공간도 만들어진다. 후속 조치가 더 어려워진다. 그렇게 진실은 뒤로 밀려난다. 그러니 지금은 침착함을 유지해야 하고 바로 남편과 대립하면 안 된다! 남편이 스스로 펑계의 그물에 걸리게 해야 한다. 이런 질문을 던져라.

"그러니까 어제 회사 사람들하고 꽤 늦게까지 식당에 있었네, 그치? 그 자리는 어땠어?"

남편이 이 거짓말이 맞다는 확인을 하게 한 후, 남편이 곤란해할 만한 세세한 질문들을 던지면서 파고들어라. 이 방법은 경찰 신문 때 즐겨 사용하는 방법이다. 뒤에 나오는 글을 읽어보면 이 질문법에서 사용 가능한 전반적인 질문들을 볼 수 있다.

*의심이 사실로 확인되었을 때 당신은 무엇을 할 것인지 미리 깊이 잘 생각하라. 그 문제를 극복해 나가는 게 당신에게 얼마만큼 중요한 일인지 스스로 판단해야 한다.*

목표가 분명한 신문과 면담에서는 질문 준비를 잘 해야 한다. 사전에 다양한 대안 질문들을 만들어두자. 그렇게 해야 당신은 흐름에 따라 즉흥적으로 행동할 수 있다. 미리 준비하고 써본 내용이 대화 자리에서 더 쉽게 떠오를 수 있다.

### 질문의 기술 재점검하기

능숙하게 질문하기는 하나의 기술이다. 세세한 준비는 언제나 능숙한 질문에 도움을 준다. 당신은 질문을 할 때 대화를 주도하게 된다. 여기서 대화 준비에 도움을 주는 가능한 질문들의 목록을 다시 정리한다.

- **섬광 기억:** "2019년 10월 26일 오후 네시에 당신은 무엇을 했나요?" 이 질문에 재빠르게 대답하면 뭔가 거짓이 있는 것이다. 거짓말쟁이들은 단호하고 분명한 어휘를 사용하지 않는다. 그들의 화려한 설명에는 사실이 빠져 있다.
- **파블로프의 반응을 일으키는 질문:** 반응을 일으키는 간접적인 질문을 던진다. "지갑에 돈이 비네. 어떻게 돈이 사라질 수 있지?"
- **질문을 멈추지 않기:** 처음에는 상대방이 잘 짜낸 거짓말을 설명하게 한다. 시간별 설명 형식 등에 주의한다.

- **육하원칙 질문:** 육하원칙 질문은 모두 허용된다(누가, 무엇을, 어떻게, 어디서, 언제). 다만 주의해야 할 점은 '왜'라는 질문은 조심해서 사용하라!

- **동기를 묻는 질문:** '부드럽게' 이유를 묻는 질문을 제기한다. "왜 그랬을까?" 잘못이 있는 사람은 전혀 도움을 주려고 하지 않을 것이다.

- **용의자를 묻는 질문:** "누가 그랬을지 짐작 가는 게 있어요?" 잘못이 있는 사람은 전혀 도움을 주려고 하지 않을 것이다.

- **보증할 수 있는 사람을 묻는 질문:** "당신이 보기에 확실히 아닌 사람은 누굴까요?" 죄가 있는 사람은 전혀 도움을 주려고 하지 않을 것이다.

- **양심의 가책 키우기:** "정직과 솔직함은 나한테는 특별히 중요해. 난 자기를 믿어. 어제 어디 있었어?" 잘못이 있는 사람은 언어적, 비언어적으로 거리를 둔다.

- **사실을 따지는 질문:** 작은 세부사항을 많이 따지고 시간의 앞뒤를 건너뛰면서 질문한다. 잘못이 있는 사람은 늘 같은 이야기를 반복하고 같은 어휘를 사용한다.

- **진실한 이야기 들려주기:** 당신이 진실이라고 생각하는 이야기를 직접 하라. 잘못이 없는 사람은 강하게 방어할 것이다. 잘못이 있는 사람은 미세하게 반응하고 덜 감정적으로, 오히려 냉정하게 반응할 것이다.

- **미끼 질문:** 먼저 상대방이 거짓말을 진실이라고 확인하게 하라. 상대방은 자신이 만든 이야기를 열심히 설명해야 할 것이다. 그런 다음 당신은 세부 내용을 파헤치고 증거를 제시하라.

## ☑ 두 번째 기회

당신의 회사에서 티백, 종이 타월, 잉크 카트리지, 볼펜과 같은 단순 용품들이 이유 없이 자꾸 사라진다고 가정해보자. 당신은 누가 도둑인지 알고 있다. 회의를 소집하라. 그리고 이 기적 같은 사라짐을 언급하라. 이에 대해 공감을 표하라. 과도한 업무 때문에 마트에 들를 시간이 없다는 걸 충분히 이해한다고 말하라. 그리고 용품들이 다시 채워지고 이 기적의 사라짐이 이후에 생기지 않는다면 더는 이 문제를 언급하지 않겠다고 제안하라. 그러면 아마도 문제를 신속하게 해결할 수 있을 테고 오랫동안 같은 문제가 생기지 않을 것이다.

# 인지에서 해석까지
# 냉정함을 유지하기

"우리는 무언가를 인지하고 싶지 않은 이유를 대부분 잘 알고 있다."

에른스트 페르스틀, 시인

거짓말을 밝히는 일에는 '유일한' 한 가지 방법만 있는 게 아니다. 상대방에 대한 지식, 감정 이입 능력, 지성, 설득력을 갖추고 있으면 진실을 알아보는 실마리를 조금 더 잘 찾을 수 있다. 너무 빠른 결론에 도달하지 말고 전략적으로 접근하라.

다음에 제시하는 목록은 당신이 거짓말을 밝히기 위한 전체 그림을 더 빠르게 구성하는 데 유용하게 사용될 수 있을 것이다.

- 알고 싶은 것을 확실하게 정하라.

- 질문들을 준비하라.

- 공감을 드러내라.

- 상대방의 기준선을 찾아라.

- 질문을 통해 상대방의 언어적, 비언어적 반응을 만들어라.

- 정보 꾸러미(클러스터)를 만들어라.

- 전체 그림을 만들어라.

- 당신의 직관에 귀 기울여라.

거짓말의 실마리를 찾기 위해서는 작은 세부사항들도 계속 주시해야 한다. 이런 관찰력을 기르는 가장 좋은 방법은 연습, 연습, 연습이다!

## 기준선을 확인하는 법

이미 언급했듯이 당신은 언제나 먼저 상대방의 기준선을 찾아야 한다. 상대방의 이 평소 행동을 모르면 거짓말을 드러내는 행동을 알아차리기가 어렵다. 다음 내용에서 계속 주시해야 할 점들을 소개한다.

**기준선 탐색하기**

| 기준선의 범주 | 주의해야 할 점 |
|---|---|
| 말 | • 문장의 길이는 어떤가?<br>• 사투리인가, 표준어인가?<br>• 감탄사나 첨사는 얼마나 사용하는가? |
| 목소리 | • 크기: 시끄러운가, 조용한가?<br>• 리듬: 빠른가, 느린가?<br>• 음역: 높은가, 낮은가?<br>• 호흡: 조용한가, 거친가? |
| 몸짓 언어 | • 자세: 똑바른가, 비대칭인가, 처져 있는가?<br>• 앉은 자세: 똑바른가, 비대칭인가, 처져 있는가?<br>• 스트레스 징후들: 문지르기, 긁기, 흔들기, 침 삼키기, 잦아진 눈 깜박임, 마비된 듯한 모습<br>• 눈 맞춤: 긴가, 짧은가? 설명할 때와 들을 때 눈 맞춤은 어떤가? 얼마나 자주 눈을 깜박이는가?<br>• 손짓: 시간은? 손짓의 크기는?<br>• 손과 발: 앉아 있을 때, 서 있을 때 손과 발의 위치는? 스트레스 신호가 있는가?<br>• 감정: 편안한가, 화를 내는가, 긴장하는가, 놀라는가?<br>• 일치성: 말과 몸짓 언어가 서로 일치하는가? |

## 언어적, 비언어적 신호를 동시에 인지하기

당신은 질문을 하는 동시에 잘 들어야 하고, 거짓말을 폭로하는 말과 몸의 신호를 알아차려야 하며, 상대방의 대답을 기억하고 있어야 한다. 감각의 과잉을 피할 수 없다.

보기, 듣기, 해석하기를 배워야 한다. 처음에는 정신적 과부하를 피할 수 없다. 당신은 보지만 아무것도 듣지 못한다. 당신은 듣지만 비언어적 신호를 인지하지 못한다. 당신은 인지력을 훈련하고 조정해야 한다. 이 종합적 인지 과정에서 정신적 과부하가 생기지 않는 것이 목표가 된다.

먼저 이런 신호들을 알아차리면서도 경청하는 연습을 하라. 현존하는 법도 배워라. 즉 누군가가 말하는 것을 진정으로 경청하는 법을 배워라. 현존이란 지금 여기에 온전히 존재하고 다른 모든 것은 감춰지는 것을 말한다. 당신은 매일 어떤 대화 상대방과도 현존을 연습할 수 있다. 멋진 일이다.

다음에 소개하는 표들을 통해 가장 자주 등장하는 거짓말 폭로 신호들을 알 수 있다. 어떤 신호의 의미를 모를 때 내가 알려준 비법을 기억하라. 상대방의 몸짓을 흉내 내보고 스스로 느껴보라. 그럴 때 자주 해답을 얻게 될 것이다. 가장 중요한 점은 언제나 상황을 면밀히 주시하고 정보를 모으는 일이다(92쪽의 '클러스터와 시간'을 보라). 당신은 언제나 여러 개의 신호들을 인지해야 한다. 신호 하나는 아무 의미가 없다! 연습을 많이 할수록 거짓을 다루는 대화에서 당신의 감각은 더 정확하고 더 믿음직스러워질 것이다.

## 머리와 얼굴 표정

| 비언어적 신호 | 가능한 의미 |
| --- | --- |
| 고정된 머리 | 고조된 긴장 |
| 적은 눈 맞춤 | 눈빛 때문에 폭로될 것 같은 두려움 |
| 응시 | 의식적인 거짓말 |
| 고개 돌리기, 곁눈질 | 회피 또는 회의 |
| 눈 깜박임 | 기준선에 비해 두드러지게 많거나 적음 |
| 동공 확장 | 스트레스 신호 주의! 맥락에 따라 관심의 신호일 수 있음 |
| 꾹 다문 입술 | 말할 준비가 안 되어 있음 |
| 입술 깨물기 | 불안함 |
| 급격히 떨어지는 감정 | 진짜가 아닌 느낌 |

## 몸통

| 비언어적 신호 | 가능한 의미 |
| --- | --- |
| 어깨를 위로 올림 | 가장 상처 입기 쉬운 부위인 목을 보호하려 함 |
| 상체를 돌림 | 방어 자세 |
| 축 늘어뜨린 상체 | 부족한 자신감, 불안감의 신호 |

## 손짓

| 비언어적 신호 | 가능한 의미 |
|---|---|
| 거의 또는 전혀 움직임이 없음 | 고조된 긴장 |
| 팔짱 끼기 | 보호 반응일 수 있음 |
| 손으로 얼굴 만지기, 목이나 귀 긁기, 눈 비비기, 손톱 물어뜯기, 손가락 잡기, 자기 몸 만지기 같은 적응 반응 | 불안의 무의식적 신호 |
| 주먹 쥐기 | 높아지는 긴장 |
| 손가락으로 두드리기 | 초조함 |
| 말과 맞지 않은 손짓들 | 언행의 불일치 |
| 물건을 밀어내기 | 방어막 만들기 |

## 발과 다리

| 비언어적 신호 | 가능한 의미 |
|---|---|
| 다리 흔들기, 다리를 교대로 꼬기, 무릎 떨기 | 스트레스를 완화하려는 시도 |
| 발끝이 밖을 향함 | 도망가는 다리 |
| 상상의 브레이크 | 진술의 거부, 심한 긴장감 |

이외에 의심되는 목소리와 화법에 나타나는 다른 신호들도 알아두도록 하자.

- 목소리에 음이탈이 생긴다. 말하기 전에 헛기침으로 목소리를 가다듬는다.

- 목소리의 높이를 바꾼다. 평소보다 목소리가 높거나 낮다.

- 문장 끝에서 목소리가 자주 올라간다.

- 평소와 다르게 말하는 속도가 빠르거나 느리다.

- 침묵을 힘들어한다. 침묵이란 거짓말쟁이에게 부끄러운 일이다.

# 실망 후 새 출발

"당신이 다른 사람을 용서한다면 그건 당신을 위한 일이다.
그가 용서받을 자격이 있기 때문이 아니라."

도리스 볼프, 심리학자

누구나 거짓말 혹은 속임수에 당한 경험이 있을 것이
다. 아무런 해가 없는 경우도 있고, 피해가 대단히 심각한
경우도 있다. 당신을 덮치는 파괴적 감정을 느꼈을 수도 있
다. 말 그대로 땅이 꺼지는 기분일 것이다. 세상이 무너지
고, 당혹감 속에 걱정과 분노가 끓어오른다. 마치 사악한
번개가 영혼을 통과하는 것 같다.

거짓말의 결과는 종종 큰 실망이다. 실망이라는 감정은
어떤 영향을 미칠까? 대체로 부정적이지만 긍정적인 영향
도 미친다. 실망은 착각에서 깨어나는 것을 뜻하기도 한다.

헛된 기대는 사라지고 현실을 깨끗하게 보게 된다. 이제 무엇을 해야 할지 고려할 수 있다는 뜻이다.

법을 어기는 거짓말은 당연히 처벌의 대상이다. 친사회적인 '하얀' 거짓말은 대부분 수용된다. 그런데 사람들이 되돌리고 싶어 하고 종종 고통을 유발하는 회색지대에 있는 거짓말들은 어떨까? 모든 사람은 언젠가, 어디선가, 어떻게든 거짓말을 하고 속임수를 쓴다. 우리 인간은 사회적 존재다. 우리는 서로 속이고 속으며, 서로 거짓말을 하고 계속해서 실망하며, 심지어 거짓말을 폭로하고 배신한다. 그렇다면 타인이 거짓말로 상처를 주었을 때 당신은 무엇을 할 수 있을까?

신뢰는 결정의 문제다. 불신도 마찬가지다. 그러나 불신은 서서히 마모되기 마련이다. 누군가가 당신을 속였다. 그러나 그 사람과의 관계가 당신에게 매우 중요하다면 그 관계의 유지 여부를 당신이 결정할 수 있다. 그러기 위해서는 용서하는 법을 배워야 한다.

믿음이 깨질 때마다 당신은 자신을 새롭게 정립할 기회를 얻는다. 아무리 가까운 사이에 있는 사람이라도 당신을 실망시킬 수 있다. 이것은 불가피한 사실이다. 누구도 당신의 모든 기대를 채울 수 없기 때문이다. 신뢰와 불신은 진자처럼 움직인다. 양자택일이 아니라 이것이기도 하고 저것이기도 한 것이다. 이 점이 중요하다. 라인하르트 슈프렝어는 자신의 책《신뢰를 주도하기<sup>Vertrauen führt</sup>》에서 이 문제를 적절하게 표현했다.

"너무 많이 신뢰하면 당신은 쉬운 먹잇감이 된다. 너무 적게 신뢰하면 당신은 짜증으로 가득 찬 삶을 살게 된다. 그러므로 오늘날의 신뢰는 신뢰와 불신, 통제와 방치의 혼합 비율을 결정하는 일이다."

슈프렝어의 주장은 대단히 타당하게 들린다. 그러나 실망한 이후 처음에는 대부분 고통이 남아 있다. 당신은 이 고통을 잘 다룰 줄 알아야 한다. 그 방법이 바로 용서다.

거짓말 때문에 상처를 받았을 때, 배신을 당했거나 신뢰가 무너졌을 때 우리는 상대방에게 화를 내고 보상과 복구를 요구할 권리와 의무가 있다. 이런 과정을 거친 후에만 관계는 새롭게 시작할 기회를 얻고 양쪽은 상처 속에서 성장할 수 있다. 물론 관계를 끝내고 갈라서기를 결정할 수도 있다. 이때 당신에게 선택권이 주어진다. 용서를 하면 분노와 다툼 없이 갈라서기를 진행할 수 있다. 용서하지 못하면 원한과 질책은 그대로 머물 것이다.

> 다시 신뢰를 쌓기 위해서 거리를 두고 스스로에게 충분한 자유 공간을 제공하라. 그럴 때 당신은 자신에게 일어난 일을 숙고할 수 있고 자신의 감정을 분명히 이해하게 될 것이다.

## 거대한 신뢰가 무너질 때

거대한 신뢰의 붕괴는 배신당한 사람에게 감정의 상처를 남긴다. 배신당한 사람들은 다시는 다른 사람을 믿을 수 없다는 생각을 하고, 이런 생각은 불신, 원한, 질투 혹은 자기 의심을 낳는다. 관계는 명주실에 달려 있는 것처럼 아슬아슬하다. 관계를 다루는 방식은 사람마다 다양하다. 어떤 이들은 거짓말에 당한 후에도 다른 사람들보다 빠르게 신뢰를 회복한다. 그 속도는 성격, 관계의 깊이, 개인의 경험에 달려 있다.

> 용서는 용서하는 사람의 자기 확신을 강화한다. 용서하는 사람은 어려운 상황도 잘 극복해 나갈 수 있다는 걸 스스로 증명한다. 자신의 힘으로 스스로 극복할 때 그 사람은 더욱 강해진다.

많은 사람들은 용서를 약한 행동으로 여긴다. 그렇지 않다. 누군가를 진정 용서할 수 있으려면 정말로 강해야 한다. 고통을 준 부당한 일과의 화해를 진정으로 준비하려면 강인함과 힘이 많이 필요하기 때문이다. 용서는 누군가가 한 짓을 적절했다고 생각하는 일이 아니다. 용서를 한 다음에도 상대방의 행동을 계속해서 부당하고 잘못되었다

고 생각할 수 있고, 심지어 범죄로까지 여길 수도 있다. 그
럼에도 당신은 그 행동이 당신의 감정생활에 부정적 영향
을 미치는 일을 더는 허용하지 않겠다는 결정을 할 수 있
다. 이렇게 당신은 더 나은 대처법을 찾을 수 있다.

안타깝게도 당신은 신뢰를 즉시 회복시키는 마법의 약
을 발견하지는 못할 것이다. 상처는 조금씩 치료되고 치유
되어야 한다. 상처는 계속해서 재발하겠지만 치료는 점점
더 쉬워질 것이다.

## 극복의 두 단계

### 단계 1: 의식적으로 고통을 허락한다

거짓말에 속았을 때 '시간이 약'이라는 격언에 따라 그
저 흘러가는 시간에 기대는 건 너무 순진한 짓이다. 이런
식의 방치는 위험하다. 부정적 감정이 조용한 적개심으로
바뀔 수 있고, 실망이 일반화되면서 모든 사람과 모든 것을
향한 불신이 마음속에 자리 잡을 수 있기 때문이다. 당신
은 고통을 의식적으로 허용해야 한다.

감정의 괴물은 다양한 형태로 드러난다. 거부, 분노, 몰
이해, 복수심, 무기력, 무력감, 슬픔, 증오. 이 모든 감정은
빠르게 다른 감정으로 바뀔 수 있다. 이 시기에는 일상의

변화, 신체 활동, 친구들과의 교류, 휴식이 도움을 준다.

**단계 2: 안정화와 회복**

당신의 감정이 더는 당신을 롤러코스터에 태우지 않을 때 당신은 이제 회복을 위해 무엇이 필요한지 고민할 수 있다. 다시 신뢰할 수 있으려면 무엇이 필요할까? 당신이 이 질문에 어떤 대답을 우선 찾게 된다면 용서할 기회가 생긴 것이다.

> *실망에서 미래를 위한 무언가를 배워라. 이렇게 자문하라. 나의 실망에 나는 어떤 기여를 했고 다음에는 어떻게 더 잘할 수 있을까? 이 질문에 대한 해답만이 당신을 앞으로 데리고 갈 것이다.*

관계를 다시 제대로 돌아가게 하는 적절한 회복이란 무엇일까? 당신에게 필요한 것이 무엇인지 당신이 결정해야 한다. 이 과정은 협상이 아니어야 한다. 거짓말에 속은 것은 당신이다. 상대방이 당신의 조건을 채워야 한다.

배우자가 어느 날 외박을 했다고 가정하자. 배우자는 그날 밤 원 나이트 스탠드를 하고 들어왔다. 당신이 보기에 회복의 방법은 무엇인가? 회복의 방법은 대단히 다양하다. 진심 어린 사과? 그 사람을 다시는 보지 않겠다는 약속? 더 많은 시간을 함께 가치 있게 보내는 것? 부부치료? 소통을 위한 더 많은 공간? 약속된 휴가? 혹은 보석 선물? 당신 스스로 회복의 방식을 결정해야 하고, 결정할 수 있다. 당신에게 결정권이 있다. 그러나 회복의 방법을 결정할 때 당신은 당연히 현실에 머물러야 한다. 그렇지 않으면 배우자는 도망갈 것이다. 상대방이 당신을 속이는 데 혹시 당신이 기여한 부분은 없는지 고민할 수도 있다. 만약 있다면 용서를 청하는 게 필요한 경우도 있을 것이다.

그럼에도 회복이 거부될 때 할 일은 무엇일까? 어떤 사이든 상관없이, 즉 부부, 동료, 친구, 친척 상관없이 그럴 때는 한 가지 방법밖에 없다. 갈라서기다. 평화롭게 헤어지고 그 관계 전체를 당신 인생의 지나간 한 장으로 여기는 것이다. 이것이 가장 좋은 갈라서기다.

---

### 감정 괴물을 다루는 법

감정 괴물에 대해 말하면서 다른 관점을 얻어라.

- **의식 개발하기:** 감정 괴물이 다시 나올 때 감정을 다스릴 자기만의 의식을 만들자. 예를 들면 클래식 음악을 듣거나 감정을 글로 쓰고 그 메모를 구겨서 던져버린다. 운동을 하거나 차를 마시면서 마음을 고요하게 하는 것도 좋다.
- **긍정적 문구 되뇌기:** 당신에게 맞는 문장들을 선택한 후 그 문장들을 자주 입으로 되뇐다. "나는 용서했고 내 마음에 원한

은 없다. 나는 미래를 긍정적으로 본다."

- **편지 쓰기**: 당신을 실망시킨 사람에게 편지를 써라. 보낼 필요는 없는 경우가 많은데 그 편지를 한번 쓰는 것만으로 충분하기 때문이다.
- **자문하기**: 그런 나쁜 감정을 계속해서 품고 있는 게 진짜 그럴 만한 가치가 있는 일인가? 당신이 솔직하다면 대답은 하나다. "아니!"

## 진심으로 용서한다는 것

용서는 특별히 자기 자신의 마음과 평화 협정을 맺는 것을 뜻한다. 단지 평화를 위해 용서라는 말만 내뱉는 건 아무것도 해결하지 못한다. 말만으로는 새로운 출발을 위한 공간이 생기지 않는다. 한편 용서는 '눈에는 눈, 이에는 이' 형태의 보상을 거부한다는 뜻이다. 용서에는 조건도, 책임 전가도, 비난도 없다. 용서는 의식적인 결정이다. 그리고 당신은 알아야 한다. 당신은 미래에도 실망하고 속임을 당할 것이다. 속임과 거짓, 그에 따른 실망은 우리 삶의 일부이기 때문이다. 그럼에도 용서는 늘 그만한 가치가 있다! 이것이 용서를 설명하는 가장 명료한 말이다.

> 우리가 누군가를 용서하지 못하거나 용서하지 않는 가
> 장 흔한 동기는 그 사람을 벌주고 싶다는 의식적 혹은
> 무의식적 희망이다.

　용서할 마음이 없을 때 우리는 신뢰를 깨버리고 상처를 준 사람에게 벌을 주려고 한다. 우리는 고통에 대한 보상을 원하고 우리가 상처받은 유일한 사람이 아니길 원한다. '고통을 나누면 절반이 된다'는 격언을 믿기 때문이다. 그러나 고통의 크기가 절반이 되었다고 해도 우리는 여전히 고통 속에서 살아간다. 원한, 분노, 실망을 놓지 못하면서 우리는 실제 처벌보다도 더한 벌을 스스로에게 내린다. 우리는 자발적이고 의도적으로 계속해서 너무 많은 부정적 감정을 우리 몸에 지니고 있으며, 그 때문에 다시 진정으로 행복해질 가능성을 없애버린다. 그렇게 우리는 신뢰의 붕괴와 상처를 철저하게 다루고 마무리할 기회를 놓쳐버린다. 실제로 누군가를 진심으로 용서하는 것보다 더 큰 강인함의 표징은 없다.

　한편 복수와 처벌이 좋은 감정을 불러올 거라는 착각이 용서와 망각에 대한 유일한 사고 오류는 아니다. 거짓말 혹은 사기를 용서하는 일을 약자의 행동으로 보는 경우도 적지 않다. 그러나 사실은 정확히 반대다. 거짓말이나 사기를 잊고 용서할 수 있는 것은 진정한 위대함의 증거이고, 용서

는 소위 철저한 책임 추궁이나 단죄에 매달리는 것보다 더 많은 내면의 힘과 강인함을 요구한다.

## 바보만이 용서하지 못한다

"용서는 어리석은 짓이 아니다. 오직 바보만이 용서할 줄 모른다."

이 중국 속담은 이렇게 단순한 표현으로 용서의 의미를 정확하게 설명한다. 용서를 하려면 강인함과 힘뿐만 아니라 영리함이 필요하다. 다시 말해 남의 상황에 자신을 이입하는 능력과 무너진 신뢰와 상처에서 빠져나와 다른 관점에서 관찰하는 능력이 필요하다. 잘못을 범하고 오류가 없는 사람은 없으므로 우리는 거짓말을 하게 만든 모든 상황과 사람에 대해 어느 정도까지는 이해할 수 있다.

이렇게 우리는 용서라는 주제에서 만나는 세 번째 사고 오류에 도달했다. 무언가를 용서한다고 해서 생각이나 가치관이 자동적으로 바뀌는 게 아니다. 거짓말이나 사기는 늘 잘못된 것이고 나쁜 일이다. 용서는 그 일 자체에 면죄부를 주는 게 아니라 우선 자신을 위해 스스로, 그리고 함께 그 일을 종결하고 앞으로 계속 나아갈 수 있는 방법을 찾는 것이다.

그러므로 우리의 목표가 진정한 용서라면 파괴적인 복수심에 사로잡혀서는 안 되고, 스스로를 나약한 존재로 생각해서도 안 되며, 자신의 변화를 두려워해서는 안 된다.

마지막으로 중요한 원칙이 하나 더 있다. 용서는 시간이 필요하다! 얼마의 시간이 필요한지는 용서하려는 사람 외에는 누구도 결정하지 못한다. 용서는 단추 하나를 누른다고 완성되는 일이 아니며 누구도 강제할 수 없는 일이다. 용서, 특히 신뢰의 회복은 각자 스스로 전개해야 하는 대단히 개인적인 과정이다. 그러므로 용서의 과정에서 자기 자신과 상황에 대해 구체적이고 솔직하게 따져 물어보는 일이 큰 도움이 될 것이다.

## 그런데 어떻게 용서할까?

모든 거짓말과 속임은 직접적인 면과 간접적인 면이 있다. 부부 사이가 깨질 때 당연히 외도가 전면에 등장하지만 그 뒤에는 다른 더 깊은 상처들이 숨어 있을 것이다. 이런 상황에서 단지 드러난 상처만 용서된다면 남아 있는 불신은 여전히 존재할 것이다.

### 감정을 말로 표현하라

몇몇 감정들은 종종 이해하기 힘들고 그 때문에 파악하기도 어렵고 다루기도 힘들다. 감정이 상처받고 신뢰가 깨졌을 때 말로 표현하고 글로 정리해보는 것이 도움이 될 수 있다. 언어로 감정을 정리하다 보면 이미 오랫동안 무의식 속에 잠자고 있던, 실제로는 우리가 억누르고 있었던 감정들이 밖으로, 종이 위로 드물지 않게 나온다.

### 거리를 두고 관찰하라

거짓말과 속임수는 늘 양쪽이 필요하다. 상처를 받았을 때 당연히 우리는 신뢰를 깨뜨린 사람이 아니라 본능적으로 우선 우리 자신과 상처를 돌본다. 그러나 상대방의 관점에서 살펴보는 과정 없이는 솔직한 용서가 불가능하다. 이 상황과 관련된 마법의 단어가 바로 '거리두기'다. 상대방의 동기를 어느 정도 떨어진 거리에서 조금 더 객관적으로 관찰하는 데 성공한다면 신뢰의 붕괴를 가져왔던 상황을 이해하는 일에도 성공할 것이다.

### 자신의 경험에 집중하라

어떤 경우에도 용서와 망각의 과정에서 지켜야 할 근본 원칙이 하나 있다. 이 과정의 중심에 상처를 초래한 사람이 있어서는 안 되고, 언제나 초점은 자신의 영혼 치유에 맞춰야 한다. 이 목표로 가는 데 방해가 되는 것, 즉 시간 압력, 감정적 압력, 복수라는 그릇된 방법, 자기 실망, 변화 거부 등은 모두 '금지'해야 한다.

### 복수는 가치 없는 일

가까운 사람에게 실망을 느낀 후 복수를 생각해보지 않은 사람이 있을까? 의심의 여지 없이 복수는 가끔 행복감을 제공한다. 그러나 이 '좋은' 감정은 분명히 오래가지 못한다. 오히려 모든 복수는 얼마 지나지 않아 공허함 같은 감정을 남기고 마음의 평화를 깨뜨린다. 그보다는 어떤 보상을 저절로 제공해서 균형을 다시 맞춰주는 업보 같은 게 존재한다고 믿는 게 훨씬 더 큰 위로가 될 수 있다.

### 거짓말을 통해 배우고 강해져라

거짓말과 배신을 솔직하게 다루고 건설적으로 대처하는 것이 결국 우리에게도 도움이 될 수 있다. 자신이 받은 상처의 흔적들을 따라가다 보면 자신에 대해 더 많은 걸 알게 된다. 우리는 이런 질문을 던질 수 있을 것이다. 그 거짓말이 다른 거짓말보다 특별히 나를 실망시킨 이유는 무엇일까? 왜 하필 그 사람이 나에게 상처를 주었을까? 어떻게 나는 미래에 이런 속임수와 실망을 더 잘 대비하고 미리 더 잘 알아차릴 수 있을까? 모든 경험이 비록 흉터는 남길지라도 결국 우리를 더 강하게 만들어줄 것이다.

Adams, S. H.: Statement Analysis, What Do Suspect's Words Really
Reveal? (https://crimeandclues.com/2013/03/02/statement-
analysis-what-do-suspects-words-really-reveal) (2020년 4월
27일)

Betschon, S.: Warum Lügen im Internet gut gedeihen, 2018.
(https://www.nzz.ch/digital/warum-luegen-im-internet-gut-
gedeihen-ld.1364151) (2020년 6월 6일)

Bischoff, H. W., Rohmann, E.: Was die Liebe stark macht. Die neue
Psychologie der Paarbeziehung. Reinbek: Rowohlt, 2005.

Blanton, B: Radical Honesty. How to Transform Your Life by Telling
the Truth, Sparrowhawk, 2007.

Bohn, A., Berntsen, D.: Pleasantness Bias in Flashbulb Memories:
Positive and Negative Flashbulb Memories of the Fall of the Berlin
Wall, in: Memory & Cognition 35(3), 2007, S. 565–577.

Camilleri, J.: Truth Wizard knows when you've been lying. Chicago

Sun-Times. (http://www.eyesforlies.com/suntimes_article.html) (2020년 4월 21일).

Cuddy, A.: Presence. Bringing your boldest self to your biggest challenges, Little, Brown Spark, New York, 2015. (에이미 커디, 이경식 옮김, 《프레즌스》, 알에이치코리아, 2016)

Dillingham, C.: Dissecting Pinocchio. How to Detect Deception in Business, Life and Love, iUniverse, Lincoln, 2008.

De Gee, J. M., Knapen, T., Donner, T.: Decision-related pupil dilation reflects upcoming choice and individual bias. (https://www.pnas.org/content/pnas/111/5/E618.full.pdf) (2020년 4월 19일)

DePaulo B. M., Lindsay J. J., Malone B. E., Muhlenbruck L., Charlton K., Cooper H.: cues to Deception, Psychological Bulletin, Vol. 129, No. 1, S. 74-118.

Ekman, P.: Asymmetry in facial expression, in: Science, 1980, 209, S. 833-836.

Ekman, P.: Gefühle lesen. Wie Sie Emotionen erkennen und richtig interpretieren. Springer Verlag, Berlin, 2. Aufl., 2016. (폴 에크먼, 허우성/허주형 옮김, 《표정의 심리학》, 바다출판사, 2020년)

Ekman, P.: Telling Lies. Clues to Deceit in the Marketplace, Politics and Marriage, New York, 2001.

Ekman, P., Friesen, W., O'Sullivan, M.: Smile when lying, in: Journal of Personality and Social Psychology, 1988, 54, S. 414-420.

Ekman, P., O'Sullivan, M., Frank, M. G.: A few can catch a liar. Psychological Science, 10, 263-266, 1999.

Feldman, R. S.: Liar. The Truth About Lying, UK, Virgin Digital, 2013.

Gerlach, P., Teodorescu, K., Hertwig, R.: The truth about lies. A meta-analysis on dishonest behavior. Psychological Bulletin, 145(1), 2019, 1-44. (https://doi.org/10.1037/bul0174) (2020년 6월 4일)

Houston, P., Floyd, M., Carnicero, S.: SPY THE LIE. Former CIA Officers teach you how to detect deception, Griffin, N. Y., 2012. (필립 휴스턴, 마이클 플로이드, 수전 카니세로, 돈 테넌트, 박인균 옮김, 《거짓말의 심리학》, 추수밭, 2013년)

Hurley, C. M., Frank, M. G.: Executing Facial Control During Deception Situations. Journal of Nonverbal Behavior, 2011, 35, S. 119-131.

Kant, I.: Die Metaphysik der Sitten, 2. Teil, Zweites Hauptstück (nach Westhoff) 2018.

Kleffner, H.: Spuren der REID-Methode, erzwungene Geständnisse und institutioneller Rassismus, 2018. (https://www.cilip. de/2018/04/27/spuren-der-reid-methode-erzwungene-gestaendnisse-und-institutioneller-rassismus) (2020년 5월 6일)

Knoepfler, N.: Schlüsselbegriffe Philosophie Immanuel Kants. Transzendentalität und Menschenwürde, München, utzverlag GmbH, 2014.

König, J.: 40 Tage lang nicht lügen, in: Deutschland Kultur. (https://www.deutschland-funkkultur.de/40-tage-lang-nicht-luegen.954.de.html?dram:article_id=145148) (2020년 5월 4일)

Lamba S, Nityananda V.: Self-Deceived Individuals Are Better

at Deceiving Others. PLoS ONE 9(8): e104562. (https://doi.
org/10.1371/journal.pone.0104562) (2020년 6월 4일)

Mann, S., Vrij, A., Leal, S., Granhag, P. A., Warmelink, L.,
Forrester, D.: Windows to the soul? Deliberate eye contact as a cue
to deceit. Journal of Nonverbal Behavior, 2012, 36, 205-251.

Matschnig, Monika: Die Macht der Wirkung. Selbstinszenierung
verstehen und damit umgehen, München, dtv, 2016.

Matschnig, Monika: Körper sprache. Macht. Erfolg. Wie Sie andere
im Beruf überzeugen und begeistern, Offenbach, Gabal, 2019.

Matsumoto, D., Sung Hwang, H., Skinner, L., Frank, M.: Evaluating
Truthfulness and Detecting Deception. FBI Law Enforcemnt
Bulletin, 2011. (https://leb.fbi.gov/articles/featured-articles/
evaluating-truthfulness-and-detecting-deception) (2020년 4월
19일)

Meyer, P.: Wie man jede Lüge erkennt, Zeichen verstehen,
Täuschung durchschauen, Wahrheit ermitteln, München, mvg,
2011.

Moliné, E., Dominguez, E., Salazar-López, G., Gálvez-García, J.,
Fernández-Gómez, J., De la Fuente, O., Iborra, F., Tornay, J.,
Gómez Milán, E.: The mental nose and the Pinocchio effect.
Thermography, planning, anxiety, and lies, in: Journal of
Investigative Psychology and Offender Profiling, Volumen 15,
Issue 2, 2018.

Müller-Lissner, A.: Die Wissenschaft vom Lächeln, in: Der
Tagesspiegel. (https://www.tagesspiegel.de/wissen/psychologie-
das-echte-und-das-aufgesetzte-laecheln/12432058-2.html)
(2020년 4월 18일)

Nace, J., Barton, F.: Conquering Deception, Irvin Benham, Kansas City, 2001.

Nasher, J.: Durchschaut, Heyne Verlag, München, 2010. (잭 내셔, 송경은 옮김,《거짓말을 읽는 완벽한 기술》, 타임북스, 2011년)

Nasher, J.: Entlarvt, Goldmann Verlag, München, 2015.

Navarro, J.: Menschen lesen. Ein FBI-Agent erklärt, wie man Körpersprache entschlüsselt, mvg, München, 2011. (조 내버로, 박정길 옮김,《FBI 행동의 심리학》, 리더스북, 2010년)

Niehaus, S.: Merkmalsorientierte Inhaltsanalyse, in R. Volbert & M. Steller (Hrsg.), Handbuch der Rechtspsychologie(S. 487-506), Göttingen: Hogrefe, 2008.

Oliver Sacks in: Der Wahnsinn der Normalität. Realismus als Krankheit: eine Theorie der menschlichen Destruktivität, Deutscher Taschenbuch Verlag, 1992.

Pfeifer, Simon: Wie können wir die Sprache des Körpers verstehen, in: Psychosomatik, S. 9. (https://www.sonnenhalde.ch/download/_dpRfZovHOA/ipad_PSYCHOSOMATIK_Samuel-Pfeifer.pdf) (2020년 4월 6일)

Reinhard, M. A.: Der Prozess der Glaubwürdigkeitsbeurteilung im Alltag. Zur Wirkung von Motivation und subjektiver Kompetenzerwartung, 2001. (https://d-nb.info/963714015/34) (2020년 6월 2일)

Rückle, H.: Körpersprache für Manager, Verlag Moderne Industrie, Landsberg, 1998.

Sprenger, R.: Vertrauen führt, Worauf es im Unternehmen wirklich ankommt, Campus, Frankfurt/Main, 2002.

Stangl, W.: Lügen, Täuschen und Verdecken. (https://www.
arbeitsblaetter.stangl-tal-ler.at/KOMMUNIKATION/
KommLuegen.shtml) (2020년 6월 4일)

Stiegnitz, P.: Die Lüge. Das Salz des Lebens, Edition Va Bene, Wien-
Klosterneuburg, 1997.

Taylor P. J., Larner S., Conchie S. M., Menacere T.: Culture
moderates changes in linguistic selfpresentation and
detail provision when deceiving others, 2017. (https://
royalsocietypublishing.org/doi/full/10.1098/rsos.170128) (2020
년 4월 27일)

Temple-Raston, N.: Heard on Morning Edition, Spotting Lie, Listen,
Don't Look, 2009. (https://www.npr.org/templates/story/story.
php?storyId=111809280) (2020년 4월 25일)

Vrij, A.: Detecting Lies and Deceit, Pitfalls and Opportunities, 2.
Auflage, Wiley, West Sussex, 2008.

Westhoff, J., Andrea.: Das Lügen der Anderen, 2018. (https://
www.deutschlandfunkkultur.de/interkulturelle-forschung-das-
luegen-der-anderen.976.de.html?dram:article_id=430905)
(2020년 6월 2일)

# 그는 거짓말을 하고 있다

**초판 1쇄 발행** 2022년 08월 18일
**초판 2쇄 발행** 2022년 09월 15일

**지은이** 모니카 마트쉬니히
**옮긴이** 이승희
**펴낸이** 김기용 김상현

**편집** 전수현 김승민    **디자인** 이현진    **마케팅** 조광환 김정아 정지연
**콘텐츠홍보** 김지우 조아현 송유경 성정은    **경영지원** 홍성현

**펴낸곳** 필름(Feelm) 출판사
**등록번호** 제2019-000086호    **등록일자** 2016년 6월 13일
**주소** 서울시 영등포구 양평로30길 14, 세종앤까뮤스퀘어 907호
**전화** 070-8810-6304    **팩스** 070-7614-8226
**이메일** office@feelmgroup.com

---

**필름출판사 '우리의 이야기는 영화다'**
우리는 작가의 문체와 색을 온전하게 담아낼 수 있는 방법을 고민하며 책을 펴내고 있습니다.
스쳐가는 일상을 기록하는 당신의 시선 그리고 시선 속 삶의 풍경을 책에 상영하고 싶습니다.
**홈페이지** feelmgroup.com    **인스타그램** instagram.com/feelmbook

---

**ISBN** 979-11-92403-09-0 (03190)